Werner Färber

Vol

In der Reihe **Short & Easy** *sind erschienen:*

RTB 52236
Bernhard Hagemann, Mit Vollgas in die Kurve

RTB 52237
Inge Meyer Dietrich, Und das nennt ihr Mut

RTB 52238
Stasia Cramer, Tim und die Mädchen

RTB 52239
Ralf Thenior, Zerbrochene Träume

RTB 52245
Werner Färber, Volle Pulle

RTB 52247
Bernhard Hagemann, Champions für einen Tag

RTB 52248
Elizabeth Laird, Geheime Freundschaft

RTB 52258
Jochen Till, Fette Ferien

RTB 52259
Inge Meyer-Dietrich, Genug geschluckt

RTB 52270
Katja Reider, Wahnsinnsliebe

RTB 52271
Brigitte Blobel, Hast du schon?

RTB 52275
Werner Färber, Einfach weg!

RTB 52287
Bernhard Hagemann, Superstar gesucht

RTB 52288
Patricia Mennen, Nicht aufgepasst

RTB 52288
Patricia Mennen, Nicht aufgepasst

RTB 52315
Patricia Mennen, Kopftuch

Werner Färber

Volle Pulle

Ravensburger Buchverlag

Originalausgabe
als Ravensburger Taschenbuch
Band 52245
erschienen 2004

© 2004 Ravensburger Buchverlag
Otto Maier GmbH

Umschlag:
unter Verwendung eines Fotos von
Getty Images, München

**Alle Rechte vorbehalten durch
Ravensburger Buchverlag
Otto Maier GmbH**

Printed in Germany

3 4 5 6 7   09 08 07 06

ISBN-13: 978-3-473-52245-3
ISBN-10: 3-473-52245-7

www.ravensburger.de

Zack – weg war sie.
Meine beste Freundin. Einfach aufgelegt.
Wird sie jemals wieder mit mir reden? Und was ist mit Joschi? Er war meine letzte Hoffnung.
Auch er ruft nicht zurück. Dabei hatte ich gerade auf seine Hilfe ganz besonders gesetzt.
Aber nein – auch da herrscht Funkstille.
Vermutlich hat sich die Sache inzwischen in der ganzen Klasse herumgesprochen.
Garantiert will niemand mehr etwas von mir wissen.
Wenn ich morgen zur Schule gehe, werden sie mich meiden, als hätte ich die Beulenpest.
Wenn ich morgen zur Schule gehe! Am besten, ich bin erst mal ein paar Tage krank. Natürlich könnte ich mich hinstellen und behaupten,

dass mich keine Schuld trifft. Hab ich etwa jemanden verraten? Hab ich jemanden angeschwärzt?

Höchstens indirekt. Und schon gar nicht mit Absicht.

Was können sie mir eigentlich vorwerfen? Dass ich meinen Eltern erzählt habe, was in Bargheide passiert ist?

Für mich war das eine Selbstverständlichkeit. Schließlich habe ich ein gutes Verhältnis zu ihnen. Ich habe noch nie was verheimlicht.

Wir reden miteinander. Wahrscheinlich sind meine lieben Freunde bloß neidisch.

Kann ich was dafür, wenn in ihren Familien Funkstille herrscht? Oder sogar Grabesstille. Wie bei Simone. Sie hat sich schon lange abgewöhnt, ihren Eltern etwas zu erzählen. Absolut verständlich. Schließlich bekommt sie wegen jeder Kleinigkeit Ärger. Da hält man irgendwann die Klappe.

Ich dagegen kann mit allem zu meinen Eltern kommen. Selbst wenn ich mal Mist gebaut habe, wird erst in Ruhe darüber geredet. Solange ich

ihnen offen die Wahrheit erzähle,
verzeihen mir meine Eltern alles.
Bis jetzt war das jedenfalls so.
Und wie konnten Simone (und auch die anderen)
nur so naiv sein und glauben, die Sache würde
geheim bleiben? Bei so vielen Beteiligten?
Unmöglich. Simone kann doch nicht meinen,
ich würde sie absichtlich reinreiten.
Das würde ich ihr nicht antun. Ich kenne
doch ihre Eltern. Aber meine Eltern –
die kenne ich offenbar nicht so gut.
Nie im Leben hätte ich erwartet, dass Papa
so einen Vertrauensbruch begehen könnte.
Er will heute Abend mit der versammelten
Elternschaft über Bargheide reden.
„Die Vorfälle", wie er sagt, „zur Sprache
bringen."
Warum kann er nicht einfach die Klappe halten?
Von Anfang an hab ich ihm gesagt,
dass die Sache niemanden etwas angeht.
Aber nein – er muss es beim Elternabend
unbedingt zum Thema machen.
„Über so was muss man doch reden, Pea. Das

kann man nicht stillschweigend hinnehmen. Es
hätte sonst was passieren können." Seine Worte.
Als er heute Mittag sein Vorhaben ankündigte,
fiel ich aus allen Wolken. Ich hab gefleht
und gebettelt, hab in mein Essen geflennt
und ihn sogar angeschrien. Trotzdem will er sich
nicht davon abbringen lassen.

Sobald Papa aus der Wohnung war, hab ich
Simone angerufen, um sie zu warnen. Zuerst
heulte sie, dann fing sie an mich zu beschimpfen.
Warum ich mein loses Mundwerk nicht einfach
halten könnte?
Sie hätte die Schnauze voll von mir. So viel
zum Thema beste Freundin.
Andererseits kann ich ihre Wut verstehen.
Schließlich hat sie den Megakrach mit ihren
Eltern, der auf sie zukommt, der Tatsache
zu verdanken, dass ich ein gutes Verhältnis
zu meinen Eltern habe. Besser gesagt: hatte!
Wenn Papa nicht doch noch einen Rückzieher

macht, wird er von seiner Tochter auch nichts
mehr erfahren. Wenn Simone seinetwegen nichts
mehr von mir wissen will, werde ich ihm das
nie verzeihen.

Mit welcher Strafe Simone zu rechnen hat,
kann man schwer sagen. Sie wurde
von ihren Eltern schon wegen geringerer Vorfälle
zu zwei Wochen Hausarrest verdonnert. Oder zu
vier Wochen Taschengeldsperre. Das Schärfste,
was ich bisher erlebt habe, war Zimmerarrest.
Mit einschließen und Telefonverbot! Ich nenne
so etwas Freiheitsberaubung. Solche Eltern
verstehe ich nicht. Wieso haben die Kinder?
Außerdem ist Simone normalerweise das
bravste Lämmchen unter unserem Himmel.
Dagegen bin ich ein schwarzes Schaf. Obwohl
auch ich ziemlich harmlos bin.
Ich rauche nicht, ich trinke nicht,
ich komme pünktlich nach Hause
und räume sogar mein Zimmer auf. Manchmal.

Vielleicht kann ich die Katastrophe noch
abwenden. Papa kommt zwischen seiner Arbeit
und dem Elternabend nach Hause.
Bis dahin ist Mama aus dem Krankenhaus
zurück.
Telefonisch kann ich sie jetzt nicht erreichen.
Sie ist Stationsschwester. Aber ich hab ihr
eine SMS geschickt. Sie muss mir helfen,
Papa zu bearbeiten.
Ich schweife ab.

Im Grunde hatte ich bereits vor unserer Abfahrt
zur Klassenreise so eine Vorahnung, dass etwas
schief laufen könnte. Frag mich bitte keiner
warum, aber ich konnte die drohende
Katastrophe spüren wie aufkommende
Kopfschmerzen.
Erst nur eine Ahnung,
dann die wachsende Gewissheit.
Schließlich dröhnt der Schädel,
als wollte er zerplatzen.

Ein paar aus unserer Klasse waren im Vorfeld
der Abreise ziemlich schräg drauf gewesen.
Besonders einige unserer Jungs versuchten
ständig, sich gegenseitig zu übertrumpfen.
Wer ist der Tollste, Beste, Stärkste?
Wer hat die größte Klappe?
Das übliche Machogehabe eben.
Doch dann wurde die Klassenreise plötzlich
schlecht geredet. Das, worauf sich die ganze
Klasse wochenlang gefreut hatte … wofür wir
uns beim Sponsorenlauf Blasen an die Füße
gelaufen hatten.
Bei der Schlussbesprechung wurde die Reise
als Kinderkram bezeichnet.
Am Aufenthaltsort wurde herumgemeckert.
Die Wortführer fanden mit einem Mal alles
nur noch superöde. Das Gemaule nahm
kein Ende.
„Da liegt doch der Hund begraben!"
„Absolut tote Hose. Da gibt's nicht mal
eine Disco."
„Selber kochen? Ist die Reise mit Verpflegung
so viel teurer?"

Unsere Lehrerin, Frau Schiller, die wir
in ihrer Abwesenheit, „die Glocke" nennen,
nahm den plötzlichen Stimmungsumschwung
mit Verwunderung zur Kenntnis.
„Was ist denn los? Wir hatten doch alles
besprochen. Weshalb ist es mit einem Mal
so schlimm, sich für ein paar Tage selbst zu
versorgen?", fragte sie in die Klasse.
„Ich kann nicht mal einen Herd anmachen!",
rief Joschi von hinten.
„Du wirst ja wohl als Letzter verhungern",
antwortete Simone. Sie spielte auf Joschis
überzählige Pfunde an. Er ist nicht fett,
aber ziemlich kompakt gebaut.
„Was soll das heißen?", fragte Joschi
gespielt sauer. „Findest du mich etwa dick?"
Die Glocke lachte. „Wie kommst du denn
darauf, Joschi? Im Übrigen wirst du ja wohl
einen Schalter bedienen können."
„Fragen Sie meine Mutter", sagte er. „In der
Küche hab ich zwei linke Hände."
„Reg dich ab, Joschi!", rief Mark. „Wozu
haben wir die Mädels dabei?"

„Hör bloß auf! Macho! Idiot!", hagelte es
weiblichen Protest von allen Seiten.
„Was soll eigentlich der Stress
wegen der Kocherei?", fragte Harpo.
„Wird ja wohl einen Mac oder Burger in der
Nähe geben."
„Hast du schon mal einen Blick auf die
Landkarte geworfen?", fragte Albert,
unser Klassenlehrer.
Eigentlich heißt er Eisenmann, aber bei
seiner Fächerkombination muss er sich
Einsteins Vornamen schon gefallen lassen:
Mathe und Physik.
„Nein, wieso?", erwiderte Harpo.
„Du weißt also nicht, wo wir hinfahren?"
„Bergstedt?"
Albert blickte theatralisch zur Decke.
Alle wussten, was jetzt kommen würde:
„Oh Herr, schick Hirn vom Himmel."
Harpo grinste. „Burgdorf?", stocherte er weiter
in seinem Gedächtnis.
„Es heißt Bargheide", klärte Albert ihn auf.
„Jetzt, wo Sie's sagen. Und wo liegt das?"

„Eben dafür gibt es besagte Landkarten",
meinte Albert.
Harpo hob entschuldigend die Hände.
„Geografie, Herr Eisenmann. Deshalb bin ich
doch kleben geblieben." Sein Grinsen wurde
noch breiter. „Unter anderem."
Nachdem sich das Gelächter gelegt hatte,
half ihm Mark auf die Sprünge.
„Spar dir die Landkarte.
Es liegt weit ab von jeder Zivilisation."
„Ah", machte Harpo. „Also kein Mac?"
Mark schüttelte den Kopf. „Kein Mac,
kein Burger."
„Und keine Disco", sagte Jule.
„Aber jede Menge Landluft", ergänzte Anna.
„Und was sollen wir dann dort?"
Harpo blickte sich fragend um. Sein richtiger
Name ist Harald Poschmann.
Die Entscheidung, in diesem Schuljahr
nach Bargheide zu fahren,
war vor seiner Zeit gefallen. Mit seiner
früheren Klasse war er im vergangenen Jahr
in Berlin gewesen. Zwar nur für drei Tage,

aber was man so hörte, muss es echt klasse gewesen sein.

„Auch wenn ich es ausgesprochen schade fände", sprach die Glocke Harpo an, „du musst nicht mit."

Seine Augen leuchteten. „Echt jetzt?"

„Mach keinen Quatsch, Alter, du kommst mit", mischte sich Mark ein.

Harpos lockere Art war für ihn ein Grund zur Heldenverehrung.

„Du kannst die Zeit der Klassenreise auch in der Parallelklasse verbringen", informierte Albert sachlich.

Harpo winkte ab. „Eine Woche 8b? Das wäre ja wohl die Höchststrafe. Dann komm ich lieber mit in die Pampa."

Albert warf einen Blick auf die Uhr und kehrte zu den Punkten auf seinem Merkzettel zurück.

„Die Hausregeln sind euch bekannt. Wecken um 8.00 Uhr. Nachtruhe ab 22.00 Uhr."

„Och nö", sagte Joschi in beleidigtem Ton. „Ist ja wie im Knast."

„Kennst dich aus, was?", scherzte Erhan.

Die Glocke setzte die Aufzählung der Regeln
fort: "Kein Alkohol, keine Zigaretten …"
"Kein Geschlechtsverkehr!" Auch dafür erntete
Harpo das erwartete Lachen.
Unsere Lehrer ignorierten den Einwurf.
Es war schwer genug gewesen,
einige Eltern davon zu überzeugen,
dass die Häuser mit Jungen *und* Mädchen
belegt werden sollten. Dabei waren wir
nicht die erste Gruppe, die nach Bargheide fuhr.
Schon seit Jahren fuhren die achten Klassen
unserer Schule entweder für eine Woche dorthin
oder für drei Tage nach Berlin.
Im Gegensatz zu Berlin, wo vor einigen Jahren
ein paar Schüler beim Kiffen erwischt wurden,
war in Bargheide noch nie etwas vorgefallen.
Die größten Bedenken hatten übrigens
Simones Eltern angemeldet. Sie hatten nur
unter der Voraussetzung zugestimmt, dass
wenigstens die Zimmer nach Jungen
und Mädchen getrennt blieben.

Abschließend verkündete die Glocke
das Strafmaß für Regelverstöße. „Wer mit
Zigaretten oder Alkohol erwischt wird,
fährt nach Hause."
Sie blickte über den Rand ihrer Lesebrille
auf die Klasse.
„Was ist mit Bier?", fragte Harpo.
„Klar ist Bier erlaubt. Sofern es sich
um Malzbier oder alkoholfreies handelt",
versuchte Albert einen seiner müden Scherze.
Harpo verzog das Gesicht.
Er hatte seine Frage durchaus ernst gemeint.
„Das Verbot gilt also nicht nur
für scharfe Sachen?", formulierte er
sein Anliegen genauer.
„Kein Alkohol", antwortete Albert.
„Ohne jede Ausnahme. Noch Fragen?"
Mark meldete sich. „Sie sagten Zigaretten.
Was ist mit Zigarren und Pfeife?"
Ein paar stöhnten.
„Selber eine", grummelte jemand.
Mark versuchte seit einiger Zeit so witzig
wie Harpo zu sein.

„Ihr habt schon verstanden", erwiderte die Glocke nicht ganz so streng wie ihr Kollege.
„Kein Alkohol, kein Nikotin."
Die Klasse schwieg.
„Eine vorzeitige Heimreise geht natürlich auf Kosten der Eltern", setzte Albert noch eins drauf.

Obwohl ich nicht im Entferntesten vorhatte, gegen diese Regeln zu verstoßen, kamen sie mir ziemlich streng vor. Im Gegensatz zu Marks albernem Kommentar, konnte ich Harpos Frage durchaus nachvollziehen. Schließlich war er bereits sechzehn. Da ist Rauchen schon erlaubt. Als aktiver Fußballer hält er zwar sowieso nichts davon, aber wie konnten unsere Lehrer ihm während der Klassenreise etwas verbieten, was ihm vom Gesetz her bereits gestattet war? Das geht doch gar nicht. Und Alkohol durfte er auch schon trinken. Zumindest Bier und Wein.

Mir selbst ist beides nicht so wichtig.
Rauchen hab ich schon probiert. Musste nicht
mal husten. Allerdings fand ich den Geschmack
im Mund richtig ekelhaft.
Was Alkohol angeht, erlauben mir
meine Eltern hin und wieder
einen Schluck Bier oder ein Gläschen Wein.
Wein kann ich nicht viel abgewinnen. Bei Bier
bin ich mir nicht sicher. Der erste Schluck
ist mir immer zu bitter. Aber beim zweiten
oder dritten scheint sich mein Gaumen daran
zu gewöhnen. Richtig klasse finde ich
den Geruch von griechischem Ouzo oder
italienischem Sambuca. In diesem Lakritz-
schnapszeug könnte ich baden. Aber deshalb
muss ich mich damit noch lange nicht betrinken.

Jedenfalls gab es nach diesem seltsamen
Abschlussgespräch für mich insgeheim
ein paar Kandidaten, bei denen ich mir
eine vorzeitige Heimreise auf Kosten der Eltern

gut vorstellen konnte. Dass es sich auch
um eine Kandidatin handeln könnte,
zog ich überhaupt nicht in Erwägung.

Dass meine beste Freundin Simone zu diesem
Zeitpunkt in Harpo verknallt war, hatte sie
mir erst einen Tag vor der Abreise gestanden.
Ich war aus allen Wolken gefallen. Vor allem,
als sie mir anvertraute, dass dieser Zustand
schon eine ganze Weile andauerte. So gut
hatte sie es bisher versteckt.
Allerdings bewies Simone guten Geschmack.
Harpo hat schon was. Neben Joschi und Erhan
ist er einer der wenigen Jungs unserer Klasse,
der schon halbwegs männlich aussieht.
Mit sechzehn ist er der Älteste.
Er dreht bereits die zweite Ehrenrunde.
Seit er in unserer Klasse ist,
hält er sich jedoch ganz wacker.
Vor allem wir Mädchen treten ihm regelmäßig
in den Hintern, wenn er denselben zum Lernen

nicht hochkriegt. Bis auf drei weitere
Fünfzehnjährige ist der Rest von uns
noch vierzehn.

Während der Busfahrt hatte mir Simone
flüsternd erzählt, dass sie sich schon
zu Beginn des Schuljahres vorgenommen hatte,
sich in Harpo zu verlieben.
Darüber konnte ich nur den Kopf schütteln.
So was kann man doch nicht planen!
Simone blieb jedoch dabei. Sie war überzeugt,
das Alter erreicht zu haben, in dem man sich
zum ersten Mal verlieben musste. Deshalb
hätte sie sich Harpo etwas genauer angesehen
und festgestellt, dass er derjenige sein
könnte. Nachdem sie mich in ihr
sorgfältig gehütetes Geheimnis eingeweiht hatte,
fragte sie mich während der Busfahrt
etwa hundertmal, ob er zu ihr hersah.
Offensichtlich hatte es
sie tatsächlich heftig erwischt.

Nach dreistündiger Anreise verteilten wir uns
am späten Freitagnachmittag endlich auf die
drei angemieteten Häuser der Feriensiedlung
Bargheide. Jeweils neun aus unserer Klasse
waren in Haus A und Haus B untergebracht.
Wir in Haus C waren zu acht. Simone, Mark,
Joschi, Harpo, Anna, Erhan, Jule und ich.
Vier Jungs, vier Mädchen. Bis auf Harpo
sind wir schon seit der Fünften eine Clique
innerhalb der Klasse.
Unmittelbar nach unserer Ankunft
erhielten meine Vorahnungen
bezüglich vorzeitiger Heimreise neue Nahrung.
Harpo streckte den Kopf zu uns
ins Mädchenzimmer. „Hallo Mädels!"
„He, anklopfen!", protestierten wir vier
gleichzeitig und mussten lachen.
Simone, Jule, Anna und ich hatten gerade
die Betten verteilt und waren dabei, die Sachen
in die viel zu kleinen Schränke zu packen.
Harpo, Joschi, Erhan und Mark hatten sich
offenbar schon eingerichtet. Bei den Jungs
geht das eben schneller.

„Keine Sorge, ich kucke euch nichts weg",
sagte Harpo. „Ist ja eh nicht viel vorhanden."
Unser eisiges Schweigen ließ sein Grinsen
zu einer dämlichen Maske erstarren.
„Sorry, dummer Scherz. Ich seh's ein."
Wenigstens wusste er, wie man sich entschuldigt.
Selten genug bei Jungs. Doch mehr als einen
seiner eben erworbenen zehn Minuspunkte
wollte ich ihm trotzdem nicht erlassen.
Simone schien seinen blöden Spruch allerdings
nicht einmal wahrgenommen zu haben.
„Wir wollten euch einladen", sagte Harpo. „Wie
wär's mit einem kleinen Begrüßungsschluck?
Am besten, ihr bringt eure Pullen gleich mit."
Er zwinkerte uns zu. „Kleine Inventur. Damit
wir wissen, was wir in der Hausbar haben."

Fünf Minuten später betrachtete ich ungläubig
die Flaschensammlung, die auf dem Tisch
der Jungen stand. Hatte ich da irgendeine
Vorabsprache verpasst?

Sieben von uns hatten Alkohol von zu Hause
mitgebracht. Vor allem härtere Sachen.
Ein halber Liter Wodka, eine Flasche Kräuterschnaps, ein Martini und zwei Flachmänner.
Einer mit Rum, einer mit Weinbrand.
Anna steuerte eine Zweiliterflasche Rotwein bei.
Im Vergleich zu diesem Riesenkolben wirkte
mein Fläschchen Sekt, als hätte ich es
aus einem Kinderkaufladen geklaut.
Den Piccolo hatte ich nur für den Fall eingesteckt,
dass es bei Simone etwas zu feiern gäbe.
„Das reicht ja wohl für die Woche",
meinte Mark.
„Optimist", erwiderte Erhan. „Wo ist
eigentlich dein Beitrag?"
Mark wurde rot. „Mein Alter hat nur Wein
zu Hause. Und was Scharfes hab ich im Laden
nicht bekommen."
„Schon blöd, wenn man so ein Milchgesicht hat",
sagte Joschi. „Ich hatte keine Probleme."
„Ich geb dir gleich ein Milchgesicht", fuhr
Mark ihn an. „Unter sechzehn kriegst du
nicht mal Bier."

„Meinst du, mir wäre der Wodka auf der Straße zugelaufen?", fragte Joschi.
Harpo lachte.
„Hübsche Idee – frei laufender Wodka."
Er hielt die Hände vor sich, als hätte er vor, jemanden zu erwürgen. Mit irrem Blick fixierte er die Wodkaflasche und näherte sich auf Zehenspitzen dem Tisch. Plötzlich ließ er seine Hände vorschnellen. Er packte die Wodkaflasche am Hals und rang sie auf dem Fußboden nieder. „Hab ich dich!", rief er triumphierend und schraubte grinsend die Flasche auf.
Er nahm einen Schluck und reichte sie weiter.
„Auf Bargheide, Leute."

In diesem Moment stand er auf meiner Liste der Heimfahrer ganz oben. Arme Simone. Sie hatte sich so darauf gefreut, eine Woche mit ihm zusammen zu sein.

„Schmeckt irgendwie nach nichts", sagte meine Freundin, nachdem sie als Erste die Hand ausgestreckt hatte, um den Wodka von Harpo zu übernehmen.

Die Flasche wanderte von Mund zu Mund.

„Hab schon besseren getrunken", spielte Mark den Fachmann und presste einen dröhnenden Rülpser hervor.

Die Jungs lachten. Die Mädchen schwiegen. Wie immer, wenn jemand so rumferkelte.

Dann war Erhan an der Reihe und bediente sich zweimal. Seine Familie stammte aus der Türkei, sie sind jedoch keine gläubigen Muslime. Das religiöse Alkoholverbot kümmerte ihn offensichtlich wenig. Und das unserer Lehrer nahm er ebenfalls nicht ernst. War er Kandidat Nummer zwei?

Wenn Erhan nach Hause geschickt würde, konnte das allerdings schlimme Folgen haben. Er hatte sich in diesem Schuljahr bereits mehrere Ermahnungen eingefangen, weil er sich in den Pausen regelmäßig unerlaubt vom Schulgelände entfernt hatte.

Kürzlich wollte ein Lehrer einen seiner
Ausflüge zum Supermarkt verhindern und
hielt ihn von hinten an der Jacke fest.
Erhan riss sich los. Der Lehrer verlor
das Gleichgewicht und landete in den Büschen.
Eine Menge Leute konnten bezeugen,
dass Erhans Gegenwehr ein ganz normaler
Reflex gewesen war und der Lehrer einfach
unglücklich ins Stolpern geraten war. Trotzdem
gab es mächtigen Ärger. Bei jedem weiteren,
noch so kleinen Fehltritt musste Erhan mit einem
Schulverweis rechnen.

Bevor er die Flasche ein drittes Mal ansetzen
konnte, nahm ich sie ihm aus der Hand.
Ebenso wie Simone, hatte auch ich noch nie
Wodka getrunken. Sie hatte Recht. Er schmeckte
zunächst ziemlich wässrig. Mit einem parfümigen
Nachgeschmack. Nur das wärmende Gefühl,
das ich vom Rachen über die Kehle bis in
meinen Magen verfolgen konnte, ließ auf etwas
Hochprozentiges schließen. Aber selbst wenn
man das Zeug wegschlucken konnte wie Mineralwasser, hatte ich nicht vor, dies auch zu tun.

Zum Thema Alkohol hatte mir Mama einen Tipp gegeben: „Falls du mal was trinkst", hatte sie vor unserer Abreise gesagt, „nimm einen Schluck. Dann warte. Beobachte, was passiert. Spürst du was im Kopf? Tut sich was im Bauch? Und wenn ich warten sage, meine ich warten. Nicht nur ein, zwei Minuten. Am besten eine halbe Stunde. Und wenn die anderen noch so schnell trinken – warte. Du wirst es nicht bereuen."

„He, worauf wartest du?", holte mich Anna in die Wirklichkeit zurück. „Schon besoffen?" Die Flasche war gerade einmal ganz herum, als es an unserer Haustür klopfte.
Harpo lehnte inzwischen an der Wand neben dem Fenster. Er schob den Vorhang zur Seite. „Ups, Besuch", sagte er. „Albert, die Glocke und die Haustante von hier." Lächelnd winkte er nach draußen und öffnete das Fenster. „Was verschafft uns die Ehre?"

Der Rest von uns fiel in Panik. Hektisch
ließen wir die Flaschen in den Schränken
verschwinden. Hörten unsere Besucher
das Geklapper durchs Fenster? Mark verteilte
Pfefferminzbonbons. Ich hielt meine Kaugummis
in die Runde. Harpo ging derweil seelenruhig
zur Tür und ließ die drei herein. Unschuldig
wie die Engelchen kamen auch wir aus den
Zimmern und verteilten uns auf den Sitzmöbeln
des Gemeinschaftsraumes. Harpo stand sofort
wieder auf. „Darf ich ein Käffchen anbieten?"
„Ihr habt Kaffee dabei?", fragte die Glocke.
Harpo hielt erschrocken die Hand auf den Mund.
„Ist Kaffee etwa auch – verboten?", fragte er
mit gespielter Panik.
Die Glocke lachte. „Unsinn. Aber ich kann
mich noch erinnern, wie abscheulich bitter
ich Kaffee in eurem Alter fand."
„Man muss nur genug Zucker reintun",
sagte Harpo.
Seine Abgebrühtheit gefiel mir. Wir wären fast
ertappt worden und er spielte den super-
freundlichen Gastgeber. Wieso war dieser Typ

zweimal kleben geblieben? An Intelligenz oder
Cleverness schien es ihm nicht zu mangeln.
Durchaus verständlich, dass Simone sich
an ihn ranmachen wollte. Wobei „ranmachen"
nicht die richtige Formulierung war. Wie das
Kaninchen vor der Schlange wartete sie darauf,
dass er den ersten Schritt tun würde.
Schade, dass sie so fürchterlich schüchtern ist.
Genau wie ich. Allerdings überspiele ich das
meistens mit einer großen Klappe.
Ich blickte in die Runde. Im Gegensatz zu Harpo
war der Rest von uns alles andere als locker.
Vermutlich stellten sich alle dieselben Fragen:
Waren wir zu unvorsichtig gewesen? Hatten sie
uns von außen beobachten können?
Oder hatten sie das Klappern
der Flaschen gehört?
Erst als die Kaffeemaschine zu Ende
geschnorchelt hatte und die vollen Tassen
auf dem Tisch standen, entspannte sich die
Atmosphäre.
Harpos Gebräu war ein klarer Verstoß gegen
das Betäubungsmittelgesetz. Den nachtschwarzen

Sud hätte man vor jeder Disco als Aufputschmittel verkaufen können.

Frau Haberstich, die Verwalterin der Häuser, schnappte nach Luft. „Heute Nacht wird wohl kaum jemand ein Auge zumachen."

Alle nickten. Dass ich zu den Nichtschläfern gehören würde, konnte ich in diesem Moment noch nicht ahnen. Joschi dagegen hing bereits schlaff in der Sofaecke und drohte einzunicken. Bei ihm zeigte der Begrüßungsumtrunk im Zimmer der Jungs offenbar Wirkung. Da Joschi jedoch grundsätzlich eher zu den gemütlicheren Zeitgenossen zählt, fiel sein Durchhänger nicht weiter auf. So blickten nur alle belustigt in seine Richtung, wenn sein Kopf wieder mal nach vorne nickte.

Albert und die Glocke erkundigten sich, ob wir mit dem Haus zufrieden wären. Wir antworteten brav mit Ja und waren froh, als unser Lehrer gegen halb sechs das Signal zum Aufbruch gab.

„Wir wollen doch den anderen Häusern auch noch die Ehre geben", sagte er.

„Schönen Abend und tschüss, bis morgen", verabschiedete sich die Glocke. „Wir treffen uns wie verabredet im Fahrradschuppen neben Haus A."

„Wann war das noch mal?", fragte Simone.

„Gleich nach dem Frühstück", antwortete die Glocke.

„Also um zwölf", sagte Harpo.

„Viertel vor neun, keine Minute später", erwiderte Albert knapp.

Wie konnte er nur immer so humorlos sein?

Die Delegation wünschte uns einen gemütlichen Abend und zog sich zurück.

Allgemeines Aufatmen.

„Das war knapp", sagte Mark.

„Was?", nuschelte Joschi. „Hab ich was verpasst?"

„Wir müssen vorsichtiger sein", meinte Simone.

„Aaach", meinte Harpo gedehnt. „Die schicken sowieso niemanden nach Hause."

„Was macht dich so sicher?", wollte ich wissen.

Er grinste mich an. Aus den Augenwinkeln bemerkte ich Simones prüfenden Blick.

Glaubte sie, ich würde mit Harpo flirten?
Er flirtete viel eher mit mir. Aber das hatte
nichts zu bedeuten. Harpo flirtete mit allen.
Allerdings ohne aufdringlich oder unangenehm
zu werden.
„Meinetwegen – Simonchen hat ja Recht. Passen
wir eben ein wenig besser auf", meinte Harpo
schließlich. „Trotzdem – die wollen auch nur
ihre Ruhe haben und ihre traute Zweisamkeit
genießen."
„Was soll das denn heißen? Die sind doch beide
verheiratet", meinte Mark aufrichtig empört.
„Du glaubst, die beiden haben was
miteinander?", fragte Anna ungläubig.
„Weiß man's?" Harpo zuckte mit den Schultern.
„Aber eins ist doch klar: Je mehr sie uns
machen lassen, desto weniger Stress für sie.
Die legen die Füße hoch und ziehen sich
in aller Gemütlichkeit den Abendkrimi rein."
„Die haben 'ne Glotze? Wieso steht bei
uns keine?", fragte Anna und benannte damit
den ersten auffälligen Mangel des Hauses.
Eine Woche ohne Fernsehen. Einige von uns

mussten wohl mit herben Entzugserscheinungen rechnen.

„Die und Glotze." Jule tippte sich an die Stirn. „Wahrscheinlich haben beide eine Tonne Bücher dabei."

„Deshalb hat Albert so einen Riesenkoffer angeschleppt", meinte Simone.

„Wieso Bücher?", fragte Harpo. „Wahrscheinlich hat er auch bloß ein, zwei Kisten Wein aufs Gelände geschmuggelt."

„Oder eine Frau", meinte Joschi, wieder halbwegs wach.

„Eine aufblasbare", sagte Harpo trocken.

Nachdem sich das Gelächter gelegt hatte, klatschte Joschi auf seinen Bauch.

„Wer kocht heute? Ich hab tierisch Kohldampf, Leute."

„Immer der, der fragt", antwortete Jule.

„Echt jetzt?", erwiderte Joschi zerknirscht.

„Ausgerechnet ich? Gleich am ersten Abend?"

Mark, der Hüter unserer Klassenkasse und
Buchhalter für alle Fälle, rannte raus und
kehrte nach etwa fünf Sekunden mit dem
Kochplan zurück.
„Freitag: Joschi, Jule, Anna. Spaghetti
mit Tomatensoße", verkündete er.
Erhan wälzte sich aus dem Sessel.
„Sagt Bescheid, wenn ihr fertig seid."
Er schlurfte ins Jungenzimmer.
Ich blickte auf den Tisch. Tassen, Krümel,
leere Kekspackungen, Kaffeepfützen,
versiffte Gläser.
Bevor das Kochteam auf dumme Gedanken kam
und Aufräumarbeiten verteilte, wollte auch ich
mich verdrücken. Zu spät.
„He, abhauen ist nicht. Hier sieht's aus
wie Sau", protestierte Jule.
„Ihr habt Küchendienst", erwiderte Mark.
„Pass auf, Kollege, das merk ich mir",
drohte Joschi.
Wir ließen uns breitschlagen und machten
gemeinsam klar Schiff.
Eine Stunde später dann eine Weltpremiere:

die ersten von Joschi zubereiteten Spaghetti ...
Sie waren zu einem einzigen Klumpen zusammengeklebt. Joschi schüttete das Wasser ab und stürzte den Inhalt des Topfes als Ganzes auf eine Platte. Anna teilte die Glibbertorte mit einem Messer in Portionen und klatschte sie auf unsere Teller. Jule löffelte Soße drüber.
„Die ist ein wenig scharf geworden",
warnte sie uns.
Eine maßlose Untertreibung. Beim Essen dampften wir aus allen Poren. Joschi tropfte der Schweiß von der Nasenspitze. Es wurde gelästert und gelacht. Erhan äußerte Zweifel, dass wir nach diesem Auftakt eine Chance hätten, diese Woche zu überleben. Wir dachten uns Schlagzeilen für die Blödzeitung aus:
„Jugendliche im Landschulheim verhungert."
„Acht mumifizierte Leichen entdeckt!"
„Eine Schule trauert um ihre Mitschüler –
mysteriöser Tod durch innere Verbrennungen!"
Ich spülte gläserweise mit Mineralwasser nach.
Als ich mich beklagte, dass die Kohlensäure das Brennen auf der Zunge nur verstärkte,

schlug jemand vor, ich sollte lieber Rotwein
trinken. Ich hielt Anna mein Glas hin.
„Bitte schnell, ich verglühe."
„Ist leer", sagte Anna.
„Ist nicht wahr, oder?", fragte ich.
Anna hielt kichernd die Flasche hoch.
Joschi protestierte. „Ihr spinnt. Ich hatte
nicht mal ein halbes Glas voll."
Ich betrachtete meine Mitbewohner.
Rote Gesichter. Glühende Ohren.
Garantiert nicht nur vom scharfen Essen.
Höchstens bei Joschi. Von ihm war man es
gewohnt, dass er eine Glühbirne bekam.
Vor allem bei körperlicher Anstrengung.
Und dieses Essen war anstrengend.
Bis auf ihn hatten alle glasige Augen.
Ich schüttelte den Kopf.
Simone sah mich fragend an. „Wasislos?"
„Ich glaube, ihr seid alle besoffen",
sagte ich. „Hoffentlich kommen Albert und
die Glocke nicht noch mal vorbei,
um Gute Nacht zu sagen."
Wamm! Das hatte gesessen. Plötzlich wirkten

alle wieder nüchtern. Zumindest versuchten sie,
nüchtern zu wirken. Die anschließende Aufräumaktion war echt klasse. Eine Viertelstunde
vorher hätte ich nie im Leben erwartet,
dass alle mithelfen würden. Aber nun
rissen sich alle zusammen, wollten beweisen,
wie klar sie noch waren. Harpo und Simone
wechselten sich beim Spülen ab. Erhan, Anna,
Mark und ich schnappten uns die Geschirrtücher
und stritten förmlich um das tropfnasse Geschirr.
Joschi und Jule putzen Arbeitsfläche, Tisch
und Herd. Kein Murren, kein Gemecker.
Wir waren ein Team, gehörten einfach
zusammen.

Leider war Simone am Ende nicht schnell genug,
um den Sofaplatz neben Harpo zu ergattern.
Obwohl ich schon während des Essens und
beim Spülen beobachtet hatte, dass Harpo
Simone mehr als einmal angelächelt hatte,
saß plötzlich Jule neben ihm.

Simone hatte den Fehler begangen zur Toilette
zu gehen, bevor die Sitzordnung festgelegt war.
Als sie zurückkam, blieb sie im Türrahmen
stehen, als wäre sie gegen eine unsichtbare
Mauer geprallt.
Unentschlossen kaute sie auf der Unterlippe.
Ich kenne sie gut genug, um zu wissen,
was in ihr vorging. Sie überlegte, welches
strategisch gesehen der zweitgünstigste Platz
für sie war.
Ich signalisierte ihr, dass der Sessel
neben Harpo frei war. Doch sie platzierte sich
lieber ihm gegenüber.
Zu Simones Unglück hatte Jule offenbar so viel
Wein abbekommen, dass ihre Hemmschwelle
nicht mehr die übliche war: Bereits nach
fünf Minuten lehnte sie an Harpos Seite.
Die übrigen Jungs brachten die harten Sachen
rein. „Gib her", sagte Simone und riss Erhan
den Kräuterschnaps aus der Hand, bevor er ihn
auf den Tisch stellen konnte. Sie setzte an.
In diesem Augenblick war mir klar,
dass ich besser nüchtern blieb.

Simone schien wild entschlossen,
sich die Kante zu geben.
Ich quetschte mich neben sie in den Sessel
und versuchte sie umzustimmen.
„Lass mich in Ruhe", maulte sie mich an.
Bereits jetzt lag ihr die Zunge schwer im Mund.
Flüsternd versuchte ich sie zur Vernunft zu
bringen. Simone setzte jedoch eine sehr
schlecht gespielte gute Laune auf.
Sie ignorierte mich und unterhielt sich
zunehmend lallend mit den anderen.
Fassungslos musste ich mit ansehen,
wie sich die Flaschen leerten, als hätten sie
ein Leck im Boden.
Zugegeben – auch für mich
hatte der Abend seine lustigen Seiten.
Harpo und Mark parodierten unsere Lehrer.
Joschi holte seine Gitarre aus dem Zimmer,
wir grölten Lieder.
Auf Dauer war der Sessel zu eng für zwei.
Weil ich jedoch aus der Entfernung gar nichts
mehr für Simone hätte tun können,
hockte ich mich zu ihren Füßen auf ein Kissen.

So gelang es mir wenigstens jedes zweite Mal
die ständig kreisenden Flaschen umzuleiten.
Mehr als verlangsamen konnte ich Simones
Absturz dadurch allerdings nicht. Gegen halb
zehn standen Erhan und Anna auf, um draußen
ein wenig frische Luft zu schnappen – sagten sie.
„Lasst euch nach zehn bloß nicht von Albert
und der Glocke erwischen!", rief Joschi
hinter ihnen her. Er schien noch einigermaßen
klar zu sein. Ob er wegen seiner Hüftpolster
mehr vertrug als andere?
„Und immer hübsch zusammenbleiben",
ermahnte Harpo die beiden. „Allein Gassi gehen
ist verboten."
Wir lachten.
Nur Simone nicht. Sie konnte nicht mehr. Bis
vor ein paar Minuten hatte sie noch mitgelacht.
Wenn auch meistens viel zu laut. Aber immerhin.
Nun war sie plötzlich ganz still. Und kreidebleich.
Sie schluckte auffällig oft.
„Mirischlecht", hauchte sie so leise,
dass nur ich es hören konnte. Ich stand auf,
beugte mich über meine Freundin.

„Ich bring dich ins Bett."

„Mirischlecht", nuschelte sie noch einmal.

Hoffentlich kotzte sie nicht auf den Tisch.

Ich hievte sie aus dem Sessel. Ihre Beine knickten ein. Ich schob mich unter ihren Arm und legte ihn über meine Schulter.

Auf dem Weg in unser Zimmer hing sie an mir wie ein nasser Sack.

„He, wasislos? Geht ihr auch Gassi, Mädels?", lallte Mark hinter uns her.

Er bekam keine Antwort. Ich hatte keinen Nerv auf Gelaber und Simone konnte sowieso nicht mehr.

„Musskotzen", stieß sie auf Höhe des Badezimmers hervor.

Ich stieß die Tür auf und bugsierte Simone in den gefliesten Raum. Bis zur Kloschüssel schaffte sie es nicht mehr. Aber wenigstens traf sie noch in die Duschwanne und reiherte nicht auf den Fußboden.

Obwohl ich kein Licht gemacht hatte und nicht alles sehen konnte, musste ich mich schwer beherrschen, um nicht mitzukotzen.

Im matten Licht der Laterne vor dem Badezimmerfenster erkannte ich immer noch genug, um meinen Magen an die Grenze des Erträglichen zu bringen. Simone sackte in sich zusammen, stützte sich auf den Rand der Duschwanne und würgte weiter. Ich kniete neben ihr, hielt ihr die langen Haare zur Seite. In einer kurzen Pause reckte ich mich nach der Tür und schloss hinter uns ab. Die anderen mussten ja nicht alles mitbekommen. Simone stand der kalte Schweiß auf der Stirn. Ihre Hände zitterten.
„Omirissoschlecht", jammerte sie immer wieder. Sie atmete stoßweise. „Wiesoismirsoschlecht?" Das hätte ich ihr sagen können. Aber Vorhaltungen brachten im Augenblick sicher auch nichts.

Jemand rumpelte von außen gegen die Tür.
„Beeilung!", rief Harpo. „Muss pinkeln."
„Nebenan ist noch ein Klo!", rief ich genervt.

„Is auch besetzt", klagte Harpo.
„Dann geh hinters Haus, Mann!", fuhr ich ihn
durch die Tür an. Sonst waren Jungs doch auch
nicht so zimperlich und pissten überallhin.
War mir nur so oder hörte ich auch
im Klo nebenan jemanden würgen?
Ich schnappte mir ein Handtuch und
tränkte es mit kaltem Wasser.
Behutsam tupfte ich Simones Stirn.
Ihr Stöhnen klang so,
als würde ihr das gut tun. Auch der Brechreiz
schien vorüber zu sein. Eine Hand am Rand
der Duschwanne, den Ellbogen des anderen
Armes aufgestützt, fuhr sie sich mit der freien
Hand übers Gesicht.
„Lassmischterben. Mirischlecht."
Allerdings hörte sie sich inzwischen wieder
ein klein wenig klarer an.
Ich nahm den Brausekopf und spülte die Sauerei
in den Abfluss.
„Hände hoch", sagte ich. Simone hielt
unbeholfen die Hände unter den Strahl
und versuchte sich auch das Gesicht

sauber zu wischen. Sollte ich ihr
die kalte Dusche über den Kopf halten?
Verdient hätte sie es. Ich beherrschte mich.
Sie war genug gestraft.

Nachdem sie eine halbe Stunde lang nicht mehr
gekotzt hatte, konnte ich sie dazu bringen,
sich mit meiner Hilfe ins Bett zu schleppen.
Als wir das Badezimmer verließen,
lag das Haus im Dunkeln. Die anderen hatten
sich schon hingelegt. Ich half Simone
beim Ausziehen, deckte sie zu.
„Allesdrehtsich", lallte sie.
Das konnte heiter werden.
In der Minikammer im Flur fand ich einen Eimer
und stellte ihn neben Simones Bett.
Während ich mich endlich selbst fertig machte,
fing Jule an in ihrer Koje zu schnarchen.
Ob sie grundsätzlich schnarchte? Oder lag es
auch bei ihr am Alkohol?
Wo war Anna? Ich ging ins Wohnzimmer,

um nach ihr zu sehen. Dort war niemand mehr.
Es herrschte nur ein heilloses Durcheinander.
Das war selbst im Dunkeln zu erkennen.
Meine Mitbewohner hatten das blanke Chaos
hinterlassen. Waren die von allen guten Geistern
verlassen? Wenn Albert oder die Glocke
die leeren Flaschen sahen!
Bevor ich jedoch etwas gegen diesen Saustall
unternahm, musste ich Anna finden.
War sie bei den Jungs?
Auf dem Weg zum Zimmer der Jungen hörte ich
aus dem Klo immer noch jemanden würgen.
Mark?
Er war der Einzige mit so hoher Stimme.
Tatsächlich lagen Erhan, Harpo und Joschi
in ihren Betten.
Nicht einer hatte sich ausgezogen.
Aber keine Anna. Ich hatte fest damit gerechnet,
sie bei Erhan zu finden. Ich rüttelte ihn wach.
„Wasnlos?"
Inzwischen ging mir das Gelalle auf den Geist.
„Wo ist Anna?", fuhr ich ihn scharf an.
Er stützte sich auf die Ellbogen.

„Ist sie nicht im Bett?"
„Würde ich sonst fragen?"
„Dann muss sie noch draußen sein",
erwiderte er ratlos.
„Allein?"
Er wischte sich übers Gesicht.
„Wieso, was ist denn?"
„Was ist?" Ich hielt ihm meine Uhr unter die
Nase. Es war kurz nach zwölf.
„Anna ist wer weiß wo."
„Oh Mann." Er schwang sich auf die Bettkante.
„Ist ja schon gut, ich such sie."
Mark taperte an uns vorbei
wie ein Schlafwandler.
Er ließ sich ins Bett fallen und stöhnte.
Er hörte sich kein bisschen besser an als Simone.
Joschi und Harpo dagegen schlummerten
seelenruhig weiter.
„Wieso hast du sie allein draußen gelassen?",
fragte ich Erhan, während er umständlich
seine Schuhe anzog.
„Was regst du dich so auf?"
„Simone kotzt, Mark ist völlig durch den Wind,

im Wohnzimmer stehen die leeren Flaschen rum
und du lässt Anna draußen in der Kälte",
schnauzte ich ihn an. „Reicht das nicht zum
Aufregen?"
„Bist du neuerdings unsere Mama, oder was?"
„Idiot."
„He, ist ja gut. Anna will was von mir. Aber
ich nicht von ihr, okay? Das hab ich ihr gesagt.
Dann hat sie geflennt und wollte nicht gleich
wieder rein. Damit keiner was merkt und
anfängt rumzulästern. Kann ich was dafür?"
Ich zuckte mit den Schultern. Es tat mir Leid,
dass ich ausgerechnet Erhan so angemacht hatte.
Auch wenn er manchmal sehr aufbrausend ist,
gehört er zu den Jungen, die sich auch mal
ein paar eigene Gedanken machen.
„Sorry. Findest du sie?"
„Wahrscheinlich sitzt sie unten am Fluss.
Wir haben da vorhin eine Bank gefunden."
„Beeil dich", sagte ich in versöhnlichem Ton.
Während er aus dem Haus schlich,
kehrte ich zurück ins Wohnzimmer.
Ich wagte nicht, Licht anzumachen.

Hatte ich mich nicht vor ein paar Stunden
über unser tolles Team gefreut?
Ich machte mich ans Aufräumen. Um schlafen
zu können, war ich inzwischen viel zu aufgedreht.
Erst mal alle Gläser in die Küche.
Chips- und Kekspackungen in die Tonne.
Obwohl es der Fußboden nötig gehabt hätte,
war Staubsaugen um diese Zeit nicht mehr
angesagt. Natürlich lauschte ich
ständig mit einem Ohr in Richtung Tür.
Strichen unsere Lehrer heimlich ums Haus?
Wollten sie uns kontrollieren? Oder vielleicht
Frau Haberstich? Dann gute Nacht, Haus C.
In diesem Fall hätten wir uns für die Heimreise
einen Minibus mieten können.
Wohin mit den Flaschen? In den Müll wollte ich
sie nicht werfen. Am Ende käme uns
Frau Haberstich auf die Schliche. Ich malte mir
das Geklapper aus, wenn sie die Tonnen
zur Abfuhr an den Straßenrand stellte.
Die Hausverwalterin, oder als was man sie auch
immer bezeichnete, machte durchaus einen
umgänglichen Eindruck. Aber ob sie uns decken

würde, wenn sie durch Zufall auf eine Mülltonne voller Schnapsflaschen stieß?
Ich hatte mir gerade ein paar Flaschen unter den Arm geklemmt, als hinter mir die Haustür aufging. Wenn man vom Teufel redet?
Frau Haberstich? Albert? Die Glocke?
Mir fuhr der Schreck in die Glieder.
Die volle Panik. Ich ließ eine Flasche fallen.
Sie zerplatzte in tausend Scherben.
Im Geist packte ich schon mal meinen Koffer.
„Scheiße, auch das noch", schimpfte Erhan.
Ich atmete auf. Doch keine Kontrolle.
Dann sah ich Erhans Gesicht.
Er wirkte mindestens so gestresst wie ich.
Anna hing an ihm,
wie vorhin Simone an mir.
„Was ist mit ihr?", fragte ich flüsternd.
„Nichts", antwortete Anna schläfrig.
„Schläft einfach auf der Bank ein", sagte Erhan.
„Sie ist total ausgekühlt. Habt ihr ein paar Extradecken?"
Eingepennt? Bei diesen Temperaturen?
In den letzten Nächten hatte es Frost gegeben.

Annas Zähne schlugen aufeinander. Ihre Finger waren bläulich rot.

„Ich hole Frau Schiller und Herrn Eisenmann", sagte ich.

In diesem Moment war mir vollkommen gleichgültig, ob jemand heimfahren musste oder nicht. Meinetwegen auch unser ganzes Haus. Ich stellte die Flaschen auf den Boden und wollte aus dem Haus.

„Nein, nicht", hauchte Anna.

„Mach keinen Scheiß, Pea", meinte auch Erhan. „Wir packen sie warm ein und dann bekommt sie einen heißen Tee."

„Sicher?", fragte ich zweifelnd.

Anna nickte. „Mir ist nur kalt."

Erhan führte Anna in unser Zimmer.

Die Scherben unter ihren Schuhen knirschten. Auf Zehenspitzen ging ich hinter ihnen her und hoffte mich nicht zu verletzen. Ich hatte keine Schuhe an. In unserem Zimmer stank es nach saurer Kotze.

Simone hatte zwischenzeitlich den Eimer benutzt.

Nachdem wir Anna ins Bett gepackt und in alle
zur Verfügung stehenden Decken gewickelt
hatten, riss ich das Fenster auf. Ich nahm
den Eimer, um ihn sauber zu machen.
Auf dem Weg zum Klo begegnete mir Joschi,
der offenbar dasselbe Ziel hatte.
„Ist hier noch Party, oder was?"
Er wirkte zwar verschlafen,
aber einigermaßen zurechnungsfähig.
„Pass auf, Joschi, hier liegen Scherben",
warnte ich ihn flüsternd.
Er rieb sich den Schlaf aus den Augen.
„Gibt's irgendwelche Probleme?"
Endlich merkte mal einer was.
Es trieb mir die Tränen in die Augen.
In diesem Moment war mir alles zu viel.
„He, was ist denn?", fragte Joschi mitfühlend.
„Scheiße ist", antwortete ich frustriert.
Ich atmete tief durch und versuchte mich
zusammenzureißen. „Bist du einigermaßen fit?
Oder genauso besoffen wie die anderen?"
„Hör mal. They call me the Turnschuh,
so fit bin ich." Er warf einen Blick auf seine Uhr.

„Wenn fit sein um diese Zeit nicht verboten ist. Was ist denn los?"

Mit einer ausladenden Handbewegung zeigte ich auf den Fußboden, ins Wohnzimmer, hinter mich ins Mädchenzimmer. „Totales Chaos."

Joschi nickte. „Okay. Ich geh mal eben für kleine Jungs, dann mach ich die Scherben und die Flaschen weg."

„Aber nicht in den Müll", sagte ich.

Er schüttelte den Kopf. „Hab in meinem Leben noch nie in den Müll gepinkelt."

Joschi schaffte es immer wieder, mich zum Lachen zu bringen.

Er hatte sehr wohl verstanden, dass ich die Scherben und die Flaschen meinte.

„Was stinkt hier eigentlich so?", fragte er.

Ach ja, der Eimer. Mir selbst fiel der entsetzliche Geruch schon gar nicht mehr auf.

„Kotze", antwortete ich knapp.

„Ups", machte er.

Ich spülte den Eimer aus, brachte ihn zurück an Simones Bett.

Sie atmete schwer. Ich fühlte ihren Puls.

Wenigstens der wirkte normal. Ihre Stirn war
immer noch kalt. Erhan saß inzwischen
auf Annas Bettkante und massierte ihre Hände.
Ob vielleicht doch noch was aus den beiden
würde?
„Das mit dem Tee? Wärst du so lieb?",
fragte Anna flüsternd. Sie klang todtraurig.
Nein, das deutete nicht auf Paarbildung hin.
„Kommt sofort", antwortete ich.
Konnte Erhan das nicht selbst machen? War ich
hier der Trottel vom Dienst? Blöde Frage.
Klare Antwort: Ja. Und das Wohnzimmer
räume ich auch auf, und wenn alle Spuren
beseitigt sind, wisch ich euch auch noch den
Hintern, weil ihr zu besoffen dazu seid. Mist!

Ich setzte Teewasser auf und fragte Joschi,
ob er vielleicht mal nach Mark sehen könnte.
Nicht dass er am eigenen Erbrochenen erstickte.

„Unser Süßer schläft wie ein Lämmchen",
meldete Joschi wenig später in aufmunterndem
Ton.
Ich war froh, dass er wach geworden war.
Als Anna mit Tee versorgt war, half auch Erhan
mit, die Bude wieder auf Vordermann zu bringen.
Bis halb zwei sausten drei durchgeknallte
Meister Proper hin und her.
Dann hatten wir endlich wieder eine halbwegs
vorzeigbare Ordnung hergestellt. Abschließend
kontrollierten wir noch einmal unsere Patienten.
Mark schlief weiterhin wie ein Murmeltier und
wirkte ganz okay. Anna hatte nach dem Tee
aufgehört zu zittern und war ebenfalls
eingeschlafen. Simone atmete noch immer
stoßweise. Wie ein Fisch an Land. Sie stöhnte
im Schlaf und brabbelte unverständliches Zeug.
Ich befürchtete, dass sich ihr Zustand noch
verschlechtern könnte und stellte einen Stuhl
neben ihr Bett, um Wache zu halten.
Ein paarmal war ich drauf und dran, Mama
per Handy um ihren fachlichen Rat zu fragen.
Sie ist Krankenschwester. Aber sie mitten

in der Nacht aus dem Schlaf zu reißen,
war mir dann auch zu doof.
Nachher bekam sie zu Hause die volle Panik.
Schließlich war ich wohl auch eingenickt.

Kurz vor vier schreckte ich hoch, weil Simone
gegen meinen Stuhl gerumpelt war.
Sie musste aufs Klo.
„He", maulte sie verpennt. „Was sitzt du denn
hier mitten im Zimmer?"
Ihre Stimme war belegt.
Fast wäre ich geplatzt. Mir tat alles weh.
Mein Nacken war verspannt und saukalt war
mir inzwischen auch. Und sie fragte, was ich
mitten im Zimmer machte.
Dazu fiel mir nichts mehr ein.
Sie tastete sich wankend zur Tür. Auf dem Weg
zur Toilette hörte ich sie ächzen und stöhnen.
Sie klagte über Kopfschmerzen. Trotzdem
fiel mir ein Stein vom Herzen. Das Schlimmste
schien sie überstanden zu haben. Gegen

halb sechs schaute ich zum letzten Mal
auf die Uhr. Dann schlief auch ich noch
ein wenig in meinem Bett.

Schrilles Piepsen riss mich aus dem Schlaf.
Nur allmählich kehrte meine Orientierung
zurück. Eine von uns musste gestern
doch noch einen Weckruf auf dem Handy
aktiviert haben.
7 Uhr 45.
Ich fluchte, Anna nieste, Simone stöhnte und Jule
schlief einfach weiter. Dabei war es ihr Handy.
Eine Stunde Zeit bis zum Treffen.
Und dann eine Radtour. Großartig.
Ich konnte mich an Tage erinnern,
die besser angefangen hatten.
Die Jungs waren auch noch nicht wach.
Weil ich mir von Joschi am ehesten Unterstützung
erhoffte, weckte ich ihn als Ersten. Er machte
sich einen Spaß daraus mir zu helfen,
die anderen aus den Betten zu hauen.

Harpo wurde dazu verdammt,
seinen nächsten Koffeinschocker zu brauen.
Joschi deckte mit mir den Frühstückstisch.
In den Zuständen *verpennt* bis *hoffnungslos verkatert*, kamen die anderen aus den Zimmern.
Niemand ließ auch nur einen Laut des Lobes fallen. Wahrscheinlich merkten sie gar nicht, dass wir aufgeräumt hatten.
Nicht das kleinste Dankeschön. Auch nicht dafür, dass wir das Frühstück fertig hatten.
Selbst auf unseren heldenhaften Einsatz hinzuweisen, war mir allerdings auch zu billig.
Während Mark gierig über die Müslipackung herfiel, biss Harpo einfach von der Salami ab.
Anna nieste und hustete abwechselnd, rührte lustlos in ihrer Kaffeetasse.
Simone frühstückte zwei Kopfschmerztabletten und eine Flasche O-Saft. Sie sah aus wie aus der Tonne gezogen.
Die Jungs kamen langsam auf Touren und mühten sich wieder ab, witzig zu sein.

Pünktlich auf die Minute traf die Belegschaft
von Haus C um 8 Uhr 45 beim Fahrrad-
schuppen ein.
Wir waren trotzdem die Letzten.
Albert und die Glocke begrüßten uns mit fast
abstoßend wirkender guter Laune.
„Dann sind wir ja alle beieinander", säuselte
die Glocke mit einem strahlenden Lächeln.
„War euer erster Abend auch so schön?"
„Ja, klar. – War super. – Doch, richtig spitze",
antworteten einige von uns.
Albert nickte.
„Das glaub ich. Natürlich haben wir euch
auf unserem Abendrundgang gehört.
Fast hätten wir noch mal geklopft und gefragt,
ob wir mitsingen dürfen, nicht wahr?",
suchte er Bestätigung bei seiner Kollegin.
„Wer von euch spielt denn so hervorragend
Gitarre?", fragte die Glocke gut gelaunt.
Erschüttertes Schweigen. Sekundenlang.
Meine lieben Mitbewohner dachten vermutlich
dasselbe wie ich:
Unsere Lehrer hatten einen abendlichen

Rundgang gemacht? Waren die Vorhänge
wirklich richtig zugezogen gewesen?
Hatten sie was mitbekommen?
Schließlich blickten wir alle auf Joschi,
um ihn als Mr Guitar zu identifizieren.
„Na ja. Ich spiel auch schon seit sechs Jahren."
Seine bescheidene Antwort löste die Anspannung
in Luft auf.

Fahrräder wurden angepasst, Sattel- und Lenker-
höhen eingestellt. Die Radtour konnte beginnen.
Für einige wurde es eher eine Tortur.
Simone nahm zwei weitere Tabletten,
ehe sie einigermaßen schmerzfrei war.
Anna fragte ständig nach Taschentüchern.
Es hatte sie heftig erwischt.
Seltsamerweise war Mark quicklebendig,
als wäre nichts geschehen. Er hatte scheinbar
den ganzen Alkohol ausgekotzt.
Trotz meiner Müdigkeit konnte ich selbst
diesem Tag auch schöne Seiten abgewinnen.

Wir fuhren am Fluss entlang, hatten gutes Wetter,
machten Rast auf einem Spielplatz.
Wir alberten herum wie die kleinen Kinder
und machten uns einen Spaß daraus,
uns gegenseitig
von den Spielgeräten zu vertreiben.

Noch während unserer Rast gingen uns
die Taschentücher für Anna aus. Also hielten
wir beim nächsten Dorfladen wieder an,
um ihr eine 36er-Packung Papiertaschentücher
aus der Haushaltskasse zu spendieren.
Inzwischen war es kurz vor eins.
Die Ladenleute schoben bereits
die fahrbaren Regale nach drinnen,
weil sie bald schließen wollten.
So ist das eben auf dem platten Land.
Dabei schnellten durch uns die Tageseinnahmen
erst noch richtig nach oben. 25 gut gelaunte
Schülerinnen und Schüler auf Klassenfahrt.
Da ging noch so mancher Schokoriegel über

den Kassenscanner. Außerdem brauchte Haus B
noch zwei Dosen Tomaten fürs Abendessen.
Und Harpo meinte, unser Kaffee wäre alle.
Eine Packung – zwei Kannen? Alles klar!
Jedenfalls war in dem Laden kurz vor Schluss
noch einmal mächtig was los.
Joschi, Harpo und Mark blieben mit ein paar
anderen Jungs vor den Getränkeregalen stehen.
Wollten sie etwa das nächste Besäufnis
vorbereiten?
Nein – bitte nicht.
Ich ging hin, um mit ihnen zu reden und
traute meinen Augen nicht.
Andi und Mike aus Haus A ließen jeweils
eine Flasche in ihren Rucksäcken verschwinden.
Obwohl sie mitbekommen hatten,
dass ich sie beobachtet hatte, zogen sie
die Nummer eiskalt durch.
Auf dem Weg zur Kasse nahmen sie sich
Schokoriegel und Chips, um diese ordentlich
zu bezahlen. Keine schlechte Tarnung.
Joschi, Mark und Harpo hingen noch immer
bei den Getränken herum.

„Hört mal, Jungs, ich hab echt keinen Bock
auf eine Wiederholung von gestern", sagte ich.
„Nur zwei Fläschchen Wein zum Essen", sagte
Harpo. „Das ist doch gar nichts für acht Leute."
Wieso konnte er so lächeln? Hoffentlich sah das
Simone nicht. Ich musste grinsen.
„Aber wehe, ihr klaut", sagte ich. „Dann trink
ich keinen Schluck."
„Ein Grund mehr, sie nicht zu bezahlen",
feixte Joschi.
Ich schnappte nach Luft, um ihm ein paar
deutliche Worte zu entgegnen.
Er hob die Hände. „War nur ein Scherz."
Andi und Mike waren inzwischen unbehelligt
durch die Kasse gekommen.
Auch wir deckten uns auf dem Weg zur Kasse
noch mit Süßigkeiten ein.
So weit ich es mitbekam,
wurde tatsächlich alles aufs Fließband gelegt.
„Der Wein geht auf mich", sagte Mark
zur Kassiererin. Er schob eine Leiste mit der
Aufschrift „nächster Kunde" hinter die Flaschen
und kramte in seiner Hosentasche nach Geld.

„Wie alt?", fragte die Frau.
„Sechzehn, wieso", antwortete Mark.
„Kann ich deinen Ausweis sehen?"
„Hab ich draußen in der Fahrradtasche",
erwiderte Mark erstaunlich abgebrüht.
Er musste den Schritt Richtung Tür wirklich
nur andeuten, schon zog die Kassiererin
die beiden Flaschen über den Scanner.
Durch waren wir.
„Na?", meinte Mark draußen.
„Ihr dürft Sie zu mir sagen."
„Echt cool", sagte Harpo und klopfte
Mark auf die Schulter.
Er wurde glatt ein Stück größer.
Plötzlich fiel mir auf, dass Mark die beiden
Weinflaschen noch immer ganz ungeniert
in seinen Händen hielt.
„Pack sie wenigstens schnell weg",
sagte ich flehend.
Suchend schaute ich mich nach Albert und
der Glocke um. Wo steckten die beiden?
Ich sah nur Mike und Andi, die sich nach
ihrem Beutezug von ihren Hausgenossen

bewundern ließen. Mit Erleichterung entdeckte
ich unsere Lehrer in sicherer Entfernung.
Simone stand bei ihnen. Worüber unterhielten
sie sich so ernst? Hatten sie doch Verdacht
geschöpft? Waren ihnen Simones Augenringe
am Ende doch verdächtig vorgekommen?
Sie lachten. Schon wieder hatte ich mir unnötig
Sorgen gemacht.
Litt ich unter Verfolgungswahn?
Vermutlich hatten sie sich ganz harmlos
über sonst was unterhalten und ich befürchtete
schon wieder irgendwelche Strafmaßnahmen
wegen Alkoholkonsum.

Als sich der Abend schließlich ganz anders
entwickelte als der vorherige, fing ich endlich
an, unsere Klassenfahrt zu genießen.
Und Simone schaffte es tatsächlich,
sich neben Harpo zu setzen.
Auch der Reistopf von Mark, Jule und mir
schmeckte richtig gut. Mit Rotwein abgelöscht!

Und keiner hatte den Drang sich zu besaufen.
Die zweite Flasche wurde zwar aufgemacht,
aber nicht getrunken.
Anna und Erhan zogen sich zum Quatschen
ins Zimmer der Jungs zurück.
Alle paar Minuten hörten wir Anna niesen.
„Irgendwann platzt sie", meinte Mark und
lachte wieder mal als Einziger.
„Quatsch, die treiben's", sagte Joschi.
„Das sind Orgasmen."
„Echt jetzt?", fragte Mark.
Diesmal lachte Mark als Einziger nicht.
Wir anderen dagegen quietschten vor Vergnügen.
Mark wurde rot und wollte uns einreden,
er hätte seine Frage nicht ernst gemeint.

Als Joschi unnötig dicht an mich ranrückte,
war ich ziemlich überrascht.
Allerdings sah ich keinen Anlass,
die Flucht zu ergreifen.
Joschi und ich? Darüber hatte ich noch nie

nachgedacht. Mit seltsamen Schmetterlingen im Bauch hielt ich dem Druck seines Beines unauffällig Stand.
Erhan und Anna waren schließlich die Ersten, die sich doch als Paar outeten. Als sie um halb elf Hand in Hand aus dem Zimmer der Jungen kamen, hatten wir anderen soeben beschlossen, in die Betten zu gehen.
Nach einem fast alkoholfreien Abend!
Ich freute mich richtig darüber, dass unser zweiter Abend so ganz anders verlaufen war als der erste. Meine Vorahnungen, dass jemand vorzeitig nach Hause fahren müsste, waren ab sofort wie weggeblasen. Ich drückte Joschi einen Kuss auf die Backe und sah dem Rest der Woche mit Zuversicht entgegen.

Und genauso erzählte ich alles meinen Eltern.
„Mein armer Spatz", meinte Mama immer wieder, während ich die ganze Sauerei und Drecksarbeit des ersten Abends beschrieb. Dabei

fand ich rückblickend alles gar nicht mehr so schlimm.

Papa schüttelte immer wieder ungläubig den Kopf.

„Ja, haben die denn absichtlich weggesehen?", fragte er fassungslos.

Erst wusste ich gar nicht, was er meinte.

„Man riecht das doch zehn Meilen gegen den Wind, wenn jemand am Vorabend gesoffen hat."

Ach, das war es – er spielte auf das Verhalten unserer Lehrer an. Ich musste lachen.

„Vielleicht hatte Harpo ja Recht und sie haben selbst auch einen gezwitschert."

„Und du meinst, das würde es besser machen?", fragte Papa ohne jedes Verständnis. „Meine Güte! Nach deiner Beschreibung war Simone am Rand einer Alkoholvergiftung!"

„Ist ja alles gut gegangen", versuchte Mama ihn zu beruhigen. „Sei doch froh, dass unsere Tochter so super mit der Situation umgegangen ist."

Sie strich mir über die Wange.

Auch wenn es mir nicht darum ging, gelobt zu
werden, freute ich mich natürlich trotzdem.
Papa allerdings schnaubte missmutig weiter.
Vermutlich hätte ich meinen Bericht lieber
abbrechen oder die eine oder andere
kritische Stelle weglassen sollen …
Aber ich erzählte locker weiter
und brachte Papa endgültig aus der Fassung,
als ich den Ladendiebstahl schilderte.
Er regte sich jedoch nicht darüber auf,
dass zwei aus unserer Klasse geklaut hatten.
Wenn es ihm darum gegangen wäre, hätte ich
Papas Aufregung ja noch verstanden. Für ihn lag
der Skandal viel mehr darin, dass die Frau
an der Kasse erst nach dem Alter gefragt hatte
und es anschließend doch nicht kontrollierte.
„Die verkauft so mir nichts, dir nichts Alkohol
an einen Vierzehnjährigen?", fragte er nach.
„Papa, Harpo stand doch dabei. Der hätte
den Wein sowieso kaufen dürfen", sagte ich.
Er klatschte sich auf die Stirn.
„Ich glaub es einfach nicht."
Erst heute Mittag sagte er mir, dass seine

Entscheidung, die Sache beim Elternabend
auf die Tagesordnung zu bringen, bereits
in diesem Augenblick gefallen war.
Und er ließ sich nicht davon abbringen.
Wir stritten uns, bis er wieder zur Arbeit musste.
Sobald er aus dem Haus war, griff ich
zum Telefon, um Simone zu warnen. Natürlich
geriet sie in Panik. Sie schrie mich an, wie ich
nur Minuten zuvor Papa angeschrien hatte.
„Mit dir red ich kein Wort mehr! Nie wieder!"
Zack. Aufgelegt.
Harpo! Ich rief ihn auf seinem Handy an.
Er musste mit ihr reden. Und er sollte
nach ihr sehen, dass sie keinen Mist baute.
Nur die Mailbox. Verdammt. Dann wählte ich
Joschis Nummer. Bei ihm würde ich ganz sicher
auf Verständnis stoßen. Auch wenn ich noch
nicht weiß, ob ich was von ihm will, kann ich
seit Bargheide super mit ihm reden. Er will
mehr von mir. Das hat er mir gesagt. Dass ich
dagegen noch überlegen muss, ist okay für ihn.
Deswegen hatte ich nicht mit so einer Reaktion
gerechnet.

„Das ist nicht wahr, Pea? Du hast deinen Eltern
alles erzählt? Spinnst du?"
Ich war so überrascht, dass ich einfach auflegte.
Ich starrte aufs Telefon und kapierte die Welt
nicht mehr. So wie er reagiert hatte, schien Joschi
auch kein Verständnis für mich zu haben.
Ich wusste echt nicht mehr weiter. Ich musste
auf Mama warten.

Inzwischen hocke ich seit ungefähr vier Stunden
unentschlossen rum und hoffe, dass Simone
vielleicht doch noch mal zurückruft.
Nach unserem Gespräch von heute Mittag
hab ich es mehrmals versucht.
Erst war die Leitung dauernd belegt,
danach ging niemand ran.
Oder vielleicht meldet sich Joschi? Oder Harpo
könnte endlich seine verdammte Mailbox
abhören.
Ach, was rede ich mir ein. Allein Mama kann
mir noch helfen. Sie muss Papa umstimmen.

Er darf heute Abend nicht zum Elternabend.
Oder er hat wenigstens seinen Mund zu halten.
Es klingelt.
Obwohl ich sicher bin, dass es Mama ist –
sie vergisst oft ihren Schlüssel – schaue ich
durch den Türspion.
Mir stockt der Atem.
Simone, Joschi und Harpo stehen
mit ernsten Gesichtern im Treppenhaus.
Wollen sie mich lynchen? Quatsch.
Ich ringe mir ein Lächeln ab und mach auf.
„Die Überraschung ist euch gelungen", versuche
ich es möglichst locker und bitte sie rein.

„Hilft es was, wenn wir mal mit deinem
Vater reden?", fragt Harpo noch im Flur.
Ich stutze.
„Joschis Idee", sagt Simone.
„Du erzählst doch immer, dass man mit deinem
Papa über alles quatschen kann", erklärt Joschi.
Doch, natürlich! Warum bin ich nicht selbst

darauf gekommen? So was findet Papa klasse.
Wenn die drei ihm erzählen, was er mit
seinem Wahrheitsfimmel auslöst, lässt er sich
vielleicht überzeugen. Wenn die Beteiligten
selbst mit ihm reden – das findet er sicher gut.
Vor allem, wenn er die Vertrauensperson
spielen darf!

„Mensch, das könnte klappen", sage ich
mit neuer Hoffnung. Sie nehmen mich
zur Begrüßung nacheinander in die Arme.
Wenn jetzt auch noch Mama rechtzeitig
auftaucht, soll Papa ruhig nach Hause kommen.
Dann heißt es fünf gegen einen.
Das müsste reichen, ihn umzustimmen.

**Die Nummer gegen Kummer
des Deutschen Kinderschutzbundes:
0800 / 1 11 03 33
www.kinderundjugendtelefon.de**

Lies mich ...

**Leseprobe aus
„Einmal siebter Himmel und zurück"
von Werner Färber
ISBN 3-473-52268-6**

Wenn das kein Grund war, sauer zu sein. Zum ersten Mal in meinem Leben hätte ich Aussicht auf eine komplett sturmfreie Bude gehabt – und dann sagte Oma plötzlich doch, dass sie es irgendwie einrichten könnte …

Wie jedes Jahr mussten meine Eltern auch in diesem Herbst zur Fachmesse, um ihre Kenntnisse in Sachen Zahnersatz auf den neuesten Stand zu bringen. Ja, meine Eltern stellen das her, was andere Menschen Künstliches im Mund tragen. Seit Mamas Wiedereinstieg in die Vollzeitarbeit, war bei solchen Messegelegenheiten immer meine Oma zu uns nach Hamburg gekommen, um unser Haus und die dazugehörige Enkeltochter zu hüten. Diesmal hatte Oma ihre Hilfe jedoch bereits anderweitig versprochen. Sie hatte den größten Teil ihres Arbeitslebens in einem Berliner Hotel zugebracht. Vom Zimmermädchen über die Küche bis zur Rezeption kannte sie alle Bereiche. Obwohl sie sich längst im Ruhestand befand, sprang sie häufig für ehemalige Kollegen ein und war im fraglichen Zeitraum an ihrem ehemaligen Arbeitsplatz wieder einmal unentbehrlich. Für mich ein Anlass zur Freude. Ich brauchte keinen Babysitter mehr. Mein vierzehnter Geburtstag lag bereits mehr als zwei Wochen zurück und ich war alt genug, um ganz wunderbar auf mich selbst aufpassen zu können. Ein paar Tage allein zu Hause stellten für mich überhaupt kein Problem dar. Schließlich lagen die Herbstferien vor uns und ich hatte ein paar hübsche Ideen, wie ich mir diese in Abwesenheit meiner Eltern gestalten könnte. Mein Vorschlag war also folgender: Fahrt ruhig zu eurer Messe und macht euch um mich keine Sorgen.

„Kommt gar nicht in Frage!", widersprach Mama. „Dann bleiben wir eben zu Hause."

„Wie stellst du dir das vor?", fragte Papa. Er redete allerdings nicht mit mir, sondern mit meiner Mutter, die er in der Öffentlichkeit stets seine „Gattin" nennt und die im Augenblick ganz offensichtlich die Bedeutung des anstehenden Messebesuches unterschätzte.

Dann kam das übliche Hin und Her. Wer noch Eltern hat, kennt das Theater aus eigener leidvoller Erfahrung. Wir fahren. Wir fahren nicht. Es fährt nur einer. Du fährst. Nein, du. Ich die ersten drei Tage, du den Rest der Zeit. Viel zu teuer. So geht's nicht. Wie denn sonst? Wir müssen Oma überreden.

Und dann wurde Oma überredet. Tagelang. Mit dem Ergebnis, dass sie zwar noch immer nicht zu uns kommen konnte, aber ich zu ihr nach Berlin. Dadurch würde sie wie versprochen ihren Hotelleuten helfen können, ich wäre unter Aufsicht und im Übrigen bei ihr herzlich willkommen. Mist!

Dachte ich damals. Später – unmittelbar nachdem ich diesen Berlinbesuch hinter mir hatte – dachte ich ein klein wenig anders. Und ich erzähle gerne warum. Wäre ich in den letzten Herbstferien nämlich nicht bei meiner Oma in Berlin gewesen, so wäre vieles nicht passiert. Ob ich dagegen etwas versäumt habe, weil ich auf die sturmfreien und elternlosen Tage daheim hatte verzichten müssen, werde ich ohnehin nie erfahren.

Also von vorn.

Nichts gegen Oma. Sie ist total fit. Nicht nur im Kopf. Ihre fünfundsechzig Jahre sieht man ihr wirklich nicht an. Und außerdem ist sie im Vergleich zu meinen Eltern unglaublich großzügig. Trotzdem war ich zunächst ziemlich stinkig, dass mir meine Eltern meiner unbestreitbaren Intelligenz und meinem fortgeschrittenen Alter zum Trotz immer noch nicht zutrauten, fünf Tage allein zu bleiben. Offenbar waren sie der Ansicht, ich würde verhungern, verdursten, verwahrlosen oder ich könnte ihnen – egal ob aus Versehen oder mit Vorsatz – die Bude in Schutt und Asche legen.

Erschwerend kam hinzu, dass mich meine werte Frau Mama noch nicht einmal allein im Zug von Hamburg nach Berlin fahren lassen wollte. Erst hatte sie geplant, mich mit dem Auto in die Hauptstadt zu bringen. Weil ihr das dann plötzlich zu stressig erschien, wollte sie mich im Zug begleiten. Schließlich könnte selbst in einem Zug der Deutschen Bahn AG alles Mögliche passieren. Die Welt war ja so schlecht. Und ist es immer noch. Schenkt man Mama Glauben, lauern überall Diebe, Vergewaltiger und Schurken, die es zuallererst auf vierzehnjährige Mädchen abgesehen haben.

Zum Glück traut mir Papa ein wenig mehr Selbstständigkeit zu. Mit seiner Unterstützung konnte ich Mama am Ende wenigstens den bewaffneten Begleitschutz ausreden. Mama hat neben einem schrillen Alarmpiepser auch stets ihr Pfefferspray in der Handtasche. In manchen Dingen ist sie schwer auszuhalten. Dagegen ist Oma (ihre Mutter!) richtig locker.

Aus Furcht vor kriminellen Übergriffen auf meine Person ließ es sich Mama am Ende also nicht nehmen, mich wenigstens zum Bahnhof zu bringen. Das hieß im Klartext, dass sie sich in den Kopf gesetzt hatte, mich bei keinem Geringeren als dem Zugchef persönlich abzugeben. Die Räder meines Koffers rappelten über die Bodenfliesen. Mama ging voraus und pflügte durch die Menschenmassen wie ein Eisbrecher durchs Packeis. Ich fragte mich, wie die Gorillas der Bahnpolizei reagieren würden, wenn ich einfach losbrüllen würde: „Hilfe! Ich werde von dieser Frau entführt! Helfen Sie mir!" Würden sie Mama packen, ihr die Hände mit Handschellen auf den Rücken fesseln und sie abtransportieren? Keine Frage, dass ich ihren letzten flehenden Blick dann eiskalt ignorieren würde.

„Cora, beeil dich!", riss mich meine Kidnapperin und Mutter aus meinen Gedanken.

Cora, beeil dich – wie oft hatte ich diesen Satz in meinem Leben schon hören müssen? Selbst Oma hatte bei einem ihrer Besuche Mama schon darauf aufmerksam gemacht, dass sie täglich ungefähr tausendmal „Cora, beeil dich" zu mir sagte. „Wenn du nicht aufpasst", hatte

Oma damals gemeint, „glaubt Cora irgendwann, dass Beeildich ihr Nachname ist."

Ich setzte meine Hirngespinste nicht in die Tat um und ließ die drei uniformierten Bahnwachleute ziehen. Womit meine allerletzte Chance, doch zu Hause bleiben zu können, ungenutzt verpuffte. Das war allerdings noch lange kein Grund, Mamas Aufforderung Folge zu leisten und mich zu beeilen. Schon aus Trotz hätte ich gern den Zug verpasst. Und dann vielleicht doch: Cora – allein zu Haus?

Man sah mir meine mangelnde Begeisterung, gleich in den Zug steigen zu müssen, also garantiert an, als ich hinter Mama die Treppe zu den Gleisen hinuntertrottete. Auf der letzten Stufe geriet ich ins Stolpern. Unfreiwillig. Vielleicht hatte mir mein Unterbewusstsein einen Streich gespielt und einen letzten Versuch gestartet, mein Schicksal zu beeinflussen?

Ich kauerte mich hin, umklammerte mit beiden Händen meinen Knöchel und spielte die Verletzte. „Aua! Mama! Warte!" Da ich in der Tat einen stechenden Schmerz im linken Fußgelenk spürte, war die dargebotene Schauspieleinlage nicht einmal schwer. Zugegeben, der Schmerz war nicht ganz so dramatisch, wie mein Aufschrei vermuten ließ.

Mama drehte sich um und rappelte mit dem Koffer wieder zu mir zurück. „Hab ich dir nicht gleich gesagt, dass du in diesen hochhackigen Dingern nicht laufen kannst? Komm und beeil dich!"

Na gut. Versuch gescheitert. Mama war nicht darauf hereingefallen. Ich hatte ja nicht mal selbst daran geglaubt. „Erstens sind es keine Dinger", antwortete ich, „zweitens sind sie nicht hochhackig." Jedenfalls nicht im Vergleich zu denen, die ich eigentlich hatte kaufen wollen. „Und drittens könnte ich sehr wohl darin laufen, wenn du mich nicht immer so hetzen würdest." Wozu hatte ich vor unserem großen Spiegel im Flur den wippenden und wogenden Gang eines Models geübt? Dass der linke Stiefel leider immer noch ganz fürchterlich auf die kleine Zehe drückte, würde ich meiner Mutter natürlich nie und nimmer unter die Nase reiben.

Mama verdrehte nur die Augen, blickte hinauf zur Anzeigetafel.

„Und sobald du bei Oma bist, rufst du an", trug Mama mir auf, als wir endlich auf dem Bahnsteig den Abschnitt E erreichten, wo mein Wagen laut Wagenstandsanzeiger zum Stehen kommen sollte.

„Ich geh schon nicht verloren."

Während der verbleibenden Zeit zupfte Mama an mir herum. Sie strich meine Klamotten glatt, schob mir eine Haarsträhne aus dem Gesicht, schnippte mir einen Krümel von der Schulter. Ich war heilfroh, als mein Zug endlich quietschend vor uns anhielt. – Nicht einmal ein ICE.

„Hier, Wagen neun. Das ist deiner", sagte Mama. „Steig ein und geh auf deinen Platz, bevor ihn ein anderer belegt."

„Ich denke, der Platz ist reserviert."

„Ja, schon, aber man weiß ja nie", meinte Mama. Sie winkte den Zugbegleiter heran. „Hallo! Junger Mann!" Hoffentlich sah das keiner. Zum Glück war nicht einmal meine beste Freundin Karo mit zum Bahnhof gekommen, weil sie selbst noch packen musste. Sie fuhr während der Herbstferien in den Schwarzwald, um dort eine alte Freundin zu besuchen. Kaum vorstellbar – Karo in einem kleinen Kaff mitten in der Provinz, umzingelt von Kühen und Natur. Die Tatsache, dass auch sie nicht in Hamburg sein würde, ließ mir meine Fahrt nach Berlin weniger schmerzlich erscheinen. Wie auch unsere Clique mir nicht so sehr fehlen würde, weil ohne Karos Gesellschaft meine Welt nur halb so schön war.

Freundlich lächelnd kam der Zugbegleiter auf uns zu. „Kann ich Ihnen helfen?"

„Das ist meine Tochter Cora", antwortete Mama. Wozu musste er meinen Namen wissen? „Sie verreist heute zum ersten Mal allein." Auch das ging ihn doch überhaupt nichts an. Außerdem hätte ich sehr wohl mit dem Zug von Hamburg nach Berlin fahren können, ohne dass die Gefahr bestand, dass ich von Außerirdischen entführt wurde. „Ich war ja dagegen, aber mein Mann meint …"

MEINE MAMA IST EINE NICHT VERSCHLIESSBARE PLAUDERTASCHE!

„Mama, bitte!", versuchte ich sie zu bremsen. Wie oft musste ich ihr denn noch versichern, dass diese Zugfahrt überhaupt kein Problem für mich war? Mit der kleinen

Einschränkung, dass ich sie überhaupt nicht hatte antreten wollen. Bedeutend schöner hätte ich es nämlich gefunden, zu Hause meine Freiheit zu genießen. Pennen bis zum Anschlag. Fernsehen, bis der Arzt kommt, und bestimmt auch eine hübsche kleine Party. Nichts Großes. Höchstens zwanzig, dreißig Leute. Ohne Alkohol. Wenn doch, höchstens ein bisschen. Geraucht würde nur draußen auf der Veranda. Was kalten Rauch in den Zimmern angeht, haben meine Eltern äußerst empfindliche Nasen. Und sie sollten natürlich nicht mitbekommen, dass ich während ihrer Abwesenheit Gäste gehabt hatte. Aber was soll's? Es wurde ja sowieso nichts daraus.

Mama redete unbeirrt weiter. „Cora wird in Berlin von ihrer Großmutter abgeholt. Würden Sie bitte darauf achten, dass sie nicht zu früh aussteigt?"

Wer sie? Die Großmutter?

„Selbstverständlich", versprach der Zugbegleiter. „Machen Sie sich keine Sorgen. Bis Berlin muss sie ja nicht mal umsteigen."

Na bitte – kein Problem. Ganz meine Meinung. Er warf einen Blick auf die Platzreservierung, die ihm meine Mutter unter die Nase hielt, damit er wusste, wo er das hilflose kleine Mädchen finden würde. Er nickte uns lächelnd zu, tippte sich an die Mütze und ging zur nächsten Waggontür, wo ihn eine weitere Frau um Hilfe bat.

„Also wirklich Mama, war das jetzt wieder nötig?"

„Tschüss, mein Spatz", antwortete sie unbeirrt, ohne auf meine Empörung einzugehen. Sie nahm mich in ihre Arme. Mein Spatz! Wenn ich das schon höre. Wenn sie mich Spatz nannte, als was sollte ich sie dann bitte bezeichnen? Wie wär's mit Taube? Henne? Pute?

Mit Tränen in den Augen drückte mir meine Taube (ich will ja nicht nur gemein sein) einen Kuss auf die Wange. Nun hatte ich mit Sicherheit auch noch ihren knatschroten Lippenstift im Gesicht. Es war einfach peinlich. „Tschüss, Mama", sagte ich und löste mich aus ihrer Umarmung. Da ich genau wusste, was jetzt noch alles kommen würde, griff ich einfach vor: „Ja, ich grüße Oma und das Geschenk gebe ich ihr auch. Sobald ich aus dem Zug steige. Noch auf dem Bahnsteig."

„Und vergiss nicht ..."

„... anzurufen, sobald ich angekommen bin."

Mama rang sich ein Lächeln ab, hob die Hand, um mir die Wange zu streicheln. Aber diese Attacke hatte ich vorausgeahnt. Ich tauchte unter ihrer Hand weg, schnappte mir den Koffer und stieg in den Zug.

Mein Abteil war leer. Nur noch ein weiterer Platz war reserviert. Da mir der Koffer für die Gepäckablage zu schwer war, wuchtete ich ihn auf die Sitzbank. Erst jetzt sah ich am Koffergriff den Anhänger baumeln. Fassungslos schüttelte ich den Kopf. Weil Mama ihrem eigen Fleisch und Blut nicht zutraute, einen Koffer vom Abfahrtpunkt A zum Zielpunkt B zu transportieren, hatte sie Omas Anschrift am Koffer angebracht. Mit Telefonnummer! Jemand klopfte von außen ans Fenster. Mama. Wer sonst? Was wollte sie denn jetzt noch? Mir ein Pappschild um den Hals hängen, auf dem fein säuberlich Heimat- und Zieladresse vermerkt waren? Verabschiedet hatten wir uns doch schon. Ich zauberte mein Allzwecklächeln aufs Gesicht und schob das Abteilfenster herunter. „Was denn noch, Mama?", flötete ich.

„Wo hast du deinen Koffer hingestellt? Soll ich dir helfen, ihn auf die Ablage zu heben? Dann hast du mehr Platz."

Um Himmels willen – bloß nicht. Am Ende verpasste sie noch den richtigen Zeitpunkt, um wieder auszusteigen. „Nicht nötig, Mama, das Abteil ist leer", antwortete ich also.

„Wenn du Hilfe brauchst, sag einfach dem Schaffner Bescheid."

„Ich bin kein Baby mehr!"

Endlich der schrille Pfiff. Die Türen knallten in die Schlösser. Der Zug setzte sich in Bewegung. Mama winkte und warf mir Handküsse zu. In einem Anflug von Großzügigkeit hauchte ich einen Kuss zurück und wusste, dass ich Mamas Erwartungen damit ausnahmsweise bis ins Kleinste erfüllte. Sie rief mir noch etwas zu, aber das ging im Kreischen eines einfahrenden Zuges unter. Im selben Moment sah ich die Frau wieder, die gleich nach uns den Zugbegleiter um Auskunft gebeten hatte. Ebenfalls winkend fuhr sie wenige Meter hinter Mama auf der Rolltreppe nach oben. Fast hatte ich den Eindruck, auch sie würde mich verabschieden. Vielleicht winkte sie jemandem im Abteil nebenan. Mama winkte, ich winkte. Wir winkten. Bis keine mehr die andere sah. Und Mama winkte mit ziemlicher Sicherheit sogar noch länger.

Ich schloss das Fenster, wollte es mir im Abteil gemütlich machen – und war nicht mehr allein! Ein Junge hatte sich auf den Fensterplatz in Fahrtrichtung gesetzt. Grob geschätzt war er ein, zwei Jahre älter als ich.

„Na?", sagte er.

„Was, na?"

„Ich bin Benny", stellte er sich vor. „Wohin?"

„Berlin."

„Ich auch – und?"

„Was und?"

„Hast du keinen Namen?"

„Doch, natürlich. Cora." Eigentlich hatte ich auch vorgehabt, am Fenster zu sitzen. Aber da saß zu meinem Leidwesen bereits mein Koffer.

„Soll der nach oben?" Dieser Benny zeigte auf mein Gepäckstück. „Dann hätten wir mehr Platz."

Platz wozu? Wollte er hier drinnen Turnübungen machen? Ohne meine Antwort abzuwarten, stand er auf und wuchtete meinen Koffer in die Ablage. Ich hätte das vermutlich kaum geschafft. Schon gar nicht so mühelos. Kaum saß er wieder, zog er seine Turnschuhe aus. Misstrauisch benutzte ich mein Riechorgan, um erleichtert festzustellen, dass seine Füße nicht stanken.

„Was machst du in Berlin?", fragte ich ihn, nachdem auch ich mich meiner Stiefel entledigt hatte. Meine Füße stanken natürlich auch nicht.

„Dreharbeiten", antwortete er nach kurzem Zögern.

Dreharbeiten. Der Kerl war beim Film. „Als Schauspieler?", fragte ich.

Er lachte. „Nein, als Kamera."

Erst kapierte ich nicht. Dann spürte ich die Hitze im Gesicht. Bestimmt war ich wieder mal knallrot geworden. Der Scherzkeks hatte sich nur über meine blöde Frage lustig gemacht. Ha ha. Wirklich wahnsinnig witzig. „Nun sag schon."

Er schaute mich an, senkte den Blick, betrachtete seine Fingernägel. „Ähm – na gut, ich geb's zu. Ich bin nur die Szenenklappe."

Dass Jungs nie wissen, wann sie aufhören müssen. Übertreib es nicht, Mister Funny. Als ob er meine Gedanken gelesen hätte, erzählte er ganz ernsthaft weiter. Wie er zum Film gekommen war und dass er schon ziemlich lange dabei wäre. „Aber ich drehe kaum in Deutschland. Alles internationale Dinger. Viel Werbung. Ab und zu spiel ich auch in Videoclips mit."

Meine Leib- und Magenfreundin Karo sagt zwar immer, ich wäre die gutgläubigste Kuh unter unserem Himmel, aber irgendwo gibt es auch bei mir eine Grenze. Wenn der Kerl nicht so ehrliche Augen gehabt hätte, in die ich kaum zu blicken wagte, hätte ich spätestens jetzt meinen reservierten Platz aufgegeben und das Abteil gewechselt. So ließ ich mich probehalber auf sein Spielchen ein. „Ist das nicht ziemlich stressig? Wie packst du denn die Schule, wenn du so viel unterwegs bist?"

„Schule? Was ist das?", fragte er.

Na bitte. Schon wieder trug er zu dick auf. Offenbar war er doch bloß auf reine Verarschung aus. Oder war er tatsächlich eine richtig coole Nummer? Ich stellte mir

Karos Reaktion vor, wenn ich ihm die Geschichte in meiner Naivität einfach abgekauft hätte. Sie würde sich garantiert kringeln vor Lachen. Wie letztes Frühjahr, als in unserer Klasse die Telefonkette aktiviert wurde. Um 7.00 Uhr morgens erreichte mich die Meldung, dass die ersten vier Unterrichtsstunden ausfielen. Natürlich erfüllte ich meine Pflicht, gab dem Nächsten auf der Liste Bescheid und kehrte zurück in mein Bett. Allerdings war ich am Ende die Einzige, die erst zur fünften Stunde antanzte. Ein Blick auf den Kalender und auch ich wäre stutzig geworden: 1. April. Damals schwor ich mir, nie wieder so leichtgläubig zu sein.

Schauspieler. Blödsinn. Trotzdem tat ich erst mal so, als würde ich ihm seine Geschichte glauben. Ob wahr oder gelogen war doch vollkommen egal. Je unwahrscheinlicher, desto spannender. Auf die lockere Art, wie er erzählte, klang jedenfalls alles verdammt echt. „Soll das heißen, du gehst nicht mehr zur Schule?", fragte ich weiter.

Er zuckte mit den Schultern. „Hab ich geschmissen."

Nun war aber endgültig Schluss. Der Typ war höchstens sechzehn. Da musste man noch zur Schule. Aber, ging es mir durch den Kopf, wenn nun doch alles stimmte und er mit der Filmerei bereits richtig Kohle machte? Wieso sollte er sich dann noch mit Lehrern herumstreiten? Ich sah mir seine Klamotten an. Nichts Besonderes. Er war ein Jeanstyp. Allerdings nicht in Blau, sondern in Schwarz. Und – was ich ihm hoch anrechnete – der Schritt seiner Hose hing ihm nicht runter bis zu den Knöcheln. Schon mal was. Die Turnschuhe waren alt und ausgelatscht. Ich hatte meine letzten allerdings auch getragen, bis sie auseinander gefallen waren. Im linken Ohr trug er einen Stecker mit grünem Recyclingpunkt. Der sah zwar irgendwie selbst gemacht aus, war aber ganz witzig. Wollte dieser Benny der Welt zeigen, dass er wiederverwertbar war? Wenn ja, wofür? Rein äußerlich betrachtet, schien er es bisher jedenfalls nicht zum Dollarmillionär gebracht zu haben.

„Na ja, so richtig geschmissen hab ich die Schule nicht", erzählte er nach kurzer Pause weiter.

Na bitte.

„Ich hab mich erst mal für ein halbes Jahr beurlauben lassen."

Der Typ schien mich tatsächlich für obernaiv zu halten. Machte einen auf cool und sah in mir das leichtgläubige Opfer. Schauspieler. Wer's glaubt. Überhaupt – so viel wie ich vor der Glotze hing, hätte ich ihn garantiert schon mal gesehen.

„Und du?", fragte er plötzlich.

„Ähm ..."

Ich war doppelt überrascht. Zum einen war er der erste Junge, der nicht nur von sich erzählte, sondern auch mal was fragte. Zum andern konnte ich nach seiner abenteuerlichen Geschichte schlecht damit kommen, dass ich unterwegs zu meiner Oma war, weil meine Eltern mir nicht zutrauten, dass ich ohne Schaden überlebte, wenn sie mich für ein paar Tage allein ließen. Ich bat den mächtigen Gott der Fantasie, doch bitte schnell ein paar intelligente Einfälle vom Himmel zu schmeißen. Etwas Beeindruckendes musste her. Und zwar dalli.

„Ich fahre zum Leistungstraining", platzte es aus mir heraus. Keine Ahnung, woher das so plötzlich kam. Doch. Natürlich. Aus dem Fernsehen. Hatte kürzlich was über ein Sportinternat gesehen. Tja, Junge, da machst du große Augen, was?

„Leistungstraining?" Er nickte anerkennend. „In welcher Sportart?"

Welche Sportart? Keine Ahnung. Turnen? Nein – bin ja nicht lebensmüde. Schwimmen? Buach. Seit meiner Sportlehrerin aufgefallen ist, dass ich meine Regel wöchentlich hatte, ließ sie keine Entschuldigung mehr gelten. Leichtathletik? Bin ich etwa masochistisch veranlagt? Und Ballspiele kamen erst recht nicht in Frage. Bälle hassen mich. Von Kindesbeinen an. Sobald so ein rundes Ding in meine Nähe kommt, wechselt es gegen alle physikalischen Gesetze eigenmächtig, vorsätzlich und gezielt den Kurs, um mir ins Gesicht zu donnern.

„Kannst ja mal raten", sagte ich in meiner Not. Ganz toll. Sehr einfallsreich. Warum schaute mich der Kerl plötzlich so prüfend an? Er musterte mich von oben bis unten. Reflexartig fuhr ich mir über die Wange. Mamas Lippenstift! Als ich nach der Wischaktion unauffällig meine Finger betrachtete, waren allerdings keinerlei Spuren zu erkennen. Als Nächstes fiel mir ein, dass ich wegen der mütterlichen Eskorte vollkommen auf Make-up verzichtet hatte. Ich hatte weder Lippenstift noch Lidschatten noch Parfüm aufgetragen. Mama maulte nämlich immer rum, wenn ich mich schminkte. Dabei brezelte sie sich selber ständig auf wie ich weiß nicht was. Trotz allem war mir Bennys Blick nicht wirklich unangenehm.

„Sumoringen?", fragte er schließlich.

Waren Sumoringer nicht diese entsetzlich dickleibigen Nacktärsche mit den Windelhosen aus aufgerollten Leintüchern? „He, Moment mal", protestierte ich. Der Kerl hatte sie wohl nicht mehr alle? Ich war und bin alles andere als dick!

Er warf lachend seinen Kopf nach hinten. Oben links, Position sieben kariös, erkannte ich mit fachkundigem Tochterblick. So ist das eben, wenn beide Eltern in der Zahntechnikerbranche tätig sind.

„Nur ein Scherz", sagte er. „Sag schon. Ich komme sowieso nicht drauf."

Ein weiterer Blitzgedanke. „Eiskunstlauf", antwortete ich. Vergangenen Winter war ich mit Karo ziemlich regelmäßig auf der Eisbahn gewesen. Anfangs hatte ich mir serienweise blaue Flecken geholt. Aber mit der Zeit bekam ich doch ein klein wenig Gefühl in die Kufen. Ich hatte es zwar noch immer nicht bis zum doppelten Bauchklatscher oder zum mehrfachen Rippenkracher gebracht, aber immerhin konnte ich inzwischen rückwärts laufen.

„Eiskunstlauf?" Er musterte mich noch einmal. So, wie er nachfragte, schien er tatsächlich angebissen zu haben. „So richtig mit Meisterschaften?"

„Bis jetzt nur auf Landesebene", antwortete ich selbst-

bewusst. „Mal sehen, wie weit ich diese Saison komme."
Ja. Die Antwort war gut.

„Eine Eisprinzessin", murmelte er. Dann hob er den Blick und zeigte nach oben. „Deshalb ist dein Koffer so schwer."

Hoffentlich wollte er jetzt nicht meine Schlittschuhe sehen. Zum Glück ging in diesem Augenblick die Abteiltür auf. „Die Fahrscheine bitte", sagte der Zugbegleiter. Das Namensschild identifizierte ihn als J. Fleischmann. „Alles in Ordnung?"

„Klar" – „Sicher", antworteten wir gleichzeitig und mussten lachen.

„Ich sehe schon, auf euch beide brauche ich nicht aufzupassen", meinte J. Fleischmann. „Muss euch wirklich nicht peinlich sein", fuhr er fort, während er sich die Fahrausweise anschaute. „Solche Mütter wie eure erlebe ich jeden Tag. Die sind immer so aufgeregt, wenn ihre Kinder allein verreisen. Vor allem beim ersten Mal. Sie meinen es ja nicht böse."

„Was faselt der da?", fragte Benny, nachdem Herr Fleischmann das Abteil wieder verlassen hatte.

So war das also. Die Frau auf der Rolltreppe war seine Mutter gewesen! Ob sie ihm einen ähnlich peinlichen Abschied geliefert hatte wie Mama mir? Dann wäre er ja ein richtiger Leidensgenosse. Irgendwie sympathisch. So viel zum Thema viel unterwegs. Erzähl mehr davon, Junge. Ganz so penetrant wie Mama konnte seine Mutter trotzdem kaum gewesen sein. Er war ja schon ein bisschen älter. Ich versuchte jedenfalls, mir nicht anmerken zu lassen, dass ich ihm seine Geschichte nicht so ganz abkaufte. Damit er sich nicht noch mehr in einem Netz von Lügen verstrickte, ließ ich unsere Karrieren Karrieren sein und wechselte das Thema.

Wir lachten viel. Es machte Spaß, ihm zuzuhören. Und außerdem war er der erste Junge, mit dem ich richtig locker reden konnte. Wenn ich an die Typen in meiner Klasse dachte ... nein, lieber nicht. Die Gleichaltrigen, mit denen ich ins Gymnasium ging, waren alle zurückgeblieben. Körperlich meine ich. Na ja, geistig auch. Und die drei Parker, die von oben zu uns gestoßen waren, hatten von Anfang an durchblicken lassen, dass sie sich für die Größten hielten. Es war schon irre, wie mühelos ich mit Benny über alles Mögliche reden konnte. Er mochte dieselbe Musik wie ich und hatte in letzter Zeit die gleichen Filme und Fernsehserien gesehen. Als wir Berlin erreichten, hatte ich das Gefühl, ihn schon richtig lange zu kennen. Schade, dass die Fahrt so schnell zu Ende war und wir aussteigen mussten. Plötzlich hatte ich einen Kloß im Hals. Der fühlte sich beinahe so dick an wie der Kloß, den ich am Vortag beim Abschied von Karo gespürt hatte. Knappe vierzehn Tage würde ich meine beste Freundin nicht sehen. Und nun empfand ich genau dasselbe: Obwohl ich Benny erst gute zwei Stunden kannte, war mir schon wieder, als würde ich einen alten Freund verlassen.